中国儿童友好城市发展报告（2023）

ZHONGGUO ERTONG YOUHAO CHENGSHI FAZHAN BAOGAO (2023)

国家发展和改革委员会社会发展司
国务院妇女儿童工作委员会办公室 编著

中国计划出版社
北 京

图书在版编目（CIP）数据

中国儿童友好城市发展报告．2023 / 国家发展和改革委员会社会发展司，国务院妇女儿童工作委员会办公室编著．-- 北京：中国计划出版社，2023.4（2023.11重印）
ISBN 978-7-5182-1427-3

Ⅰ．①中… Ⅱ．①国…②国… Ⅲ．①儿童保育事业—关系—城市建设—研究报告—中国—2023 Ⅳ．①D669.5 ②F299.21

中国国家版本馆 CIP 数据核字 (2023) 第 057646 号

策划编辑：朱　冰　　　　责任编辑：朱　冰
封面设计：韩可斌　　　　责任校对：王　巍
责任印制：李　晨　王亚军

中国计划出版社出版发行
网址：www. jhpress. com
地址：北京市西城区木樨地北里甲 11 号国宏大厦 C 座 3 层
邮政编码：100038　电话：（010）63906433（发行部）
北京虎彩文化传播有限公司印刷

787mm × 1092mm　1/16　16.25 印张　189 千字
2023 年 4 月第 1 版　2023 年11月第 5 次印刷

定价：88.00 元

编 委 会

前　言

党的十八大以来，以习近平同志为核心的党中央关心关爱广大少年儿童，把培养好少年儿童作为一项战略性、基础性、先导性工作，儿童事业取得历史性成就、发生历史性变革。2021 年儿童友好城市建设正式列入国家“十四五”规划纲要，儿童优先原则融入经济社会发展全局，儿童友好理念加快从美好愿景变为幸福实景。

党的二十大召开后，我国迈上全面建设社会主义现代化国家新征程，让孩子们成长得更好、发展得更好，成长为德智体美劳全面发展的社会主义建设者和接班人，是党和人民的殷切期望。加快推进儿童友好城市建设，是坚持以人民为中心推进中国式现代化的重要一环，是立足新发展阶段、贯彻新发展理念、构建新发展格局，推动儿童事业高质量发展的重要举措，对不断满足人民日益增长的美好生活需要，促进广大儿童茁壮成长、促进人的全面发展和社会全面进步、建设社会主义现代化强国、实现中华民族伟大复兴具有重要意义。

为贯彻落实党中央、国务院决策部署，2021 年 9 月，国家发展改革委会同国务院妇儿工委办公室等 22 个部门研究制定了《关于推进儿童友好城市建设的指导意见》（以下简称《指导意见》）。《指导意见》以习近平新时代中国特色社会主义思想为指导，坚持以人民为中心的发展思想，坚持以立德树人为根本，坚持儿童优先发展，从儿童视角出发，以儿童需求为导向，以儿童更好成长为目标，从社会政策友好、公共服务友好、权利保障友好、成长空间友好、发展环境友好五个方面，全面保障儿童生存、发展、受保护和参与的权利。

2023 年是全面贯彻落实党的二十大精神的开局之年，是实施“十四五”规划承上启下的关键一年，也是推进儿童友好城市建设的重要一年。为指导各地有效开展中国特色儿童友好城市建设工作，国家发展改革委社会发展司、国务院妇儿工委办公室组织有关专家学者编写了《中国儿童友好城市发展报告（2023）》。全书分为四篇，友好理念篇对儿童友好城市建设进行了政策解读，社会共建篇探讨了社会力量在儿童友好城市建设中的作用和参与方式，实践案例篇介绍了我国部分先行先试城市的有益做法，发展展望篇对中国儿童友好城市未来发展进行了展望。

本书是深入学习习近平总书记关于儿童工作重要论述的阶段性成果，力图通过对儿童友好城市发展的系统研究阐释，指导各地贯彻落实《指导意见》，对于做好“十四五”以及未来更长一段时期儿童友好城市建设工作具有指导和借鉴作用。

本书编委会

2023 年 2 月

目录

友好理念篇

社会共建篇

实践案例篇

发展展望篇

附　　录

·友好理念篇·

第一章　新时代呼唤儿童友好城市

当代中国少年儿童既是实现第一个百年奋斗目标的经历者、见证者，更是实现第二个百年奋斗目标、建设社会主义现代化强国的生力军。一个民族的文明进步，一个国家的发展壮大，需要一代又一代人接力努力。“自古英雄出少年”“少年强则国强，少年进步则国进步”，中华民族伟大复兴的希望寄托在广大少年儿童身上。

第一节　儿童友好正当其时

儿童在现代化建设中扮演重要角色，现代化建设始终要求有一代又一代的生力军和建设者，要求全社会积极践行儿童友好理念，促进少年儿童茁壮成长，不断为民族复兴培育时代新人。近年来，儿童权益保障政策不断完善，儿童友好实践探索取得初步成效，为儿童友好城市建设提供了基础。

一、儿童发展取得历史性新成就

党的十八大以来，中国特色社会主义进入新时代，我国儿童发展取得一系列举世瞩目的重要成就，发生了一系列前所未有的重要变革。2012—2022 年，九年义务教育巩固率、高中阶段毛入学率分别从 91.8%、85.0% 提高到 95.5%、91.6%。婴儿死亡率和 5 岁以下儿童死亡率分别从 2012 年的 10.3‰ 和 13.2‰，下降至 2021 年的

5.0‰ 和 7.1‰。儿童发展环境持续优化，为儿童友好城市建设夯实了经济基础和社会条件。

儿童发展政策向全生命周期政策体系不断迈进。一段时期以来，3 岁以下婴幼儿照护政策是我国儿童发展政策的短板领域。党的十九大报告明确提出“幼有所育”并将其纳入基本方略。2019 年《国务院办公厅关于促进 3 岁以下婴幼儿照护服务发展的指导意见》印发，我国促进 3 岁以下儿童早期发展的事业有了顶层设计。同年，国家发展改革委、国家卫生健康委决定实施支持社会力量发展普惠托育服务专项行动，两年陆续带动新增建设 16 万个普惠托位。2020 年国务院办公厅印发《关于促进养老托育服务健康发展的意见》，幼有所育政策体系加快健全。党的二十大提出要建立生育支持政策体系，降低生育、养育、教育成本，保障妇女儿童合法权益。包括普惠托育在内的 3 岁以下儿童早期发展政策，连同不断提质增效的妇幼健康、儿童疾病防治、学前教育、义务教育、高中阶段教育以及面向各个年龄段儿童的公共文化体育等政策，共同构成了以覆盖儿童全生命周期为鲜明特征的新时代儿童发展政策体系。

儿童福利制度从补缺型向适度普惠型加快转变。随着经济发展和儿童福利需求的转变，急需扩大儿童福利对象，提高儿童福利水平。2016 年国务院出台《关于加强农村留守儿童关爱保护工作的意见》《关于加强困境儿童保障工作的意见》，国家正式通过制度化的安排，对农村留守儿童实施关爱保护政策，对困境儿童实施保障政策，标志着我国补缺型儿童福利制度向适度普惠型儿童福利制度迈出了一大步。2019 年民政部等部门联合印发《关于进一步健全农村留守儿童和困境儿童关爱服务体系的意见》《关于进一步加强事实无人抚养儿童保障工作的意见》，儿童福利对象从孤儿和弃婴等群体进一步向农村留守儿童、困境儿童、事实无人抚养儿童等拓展。目前，我国适度普惠型儿童福利制度已经初步建立，每一位有需要的儿童都能得到制度保障和政策支持。

儿童基本公共服务可及程度和均等化水平显著提高。提供面向儿童的基本公共服务是政府为促进儿童发展所履行的职责。2012年《国家基本公共服务体系“十二五”规划》颁布实施，从九个领域明确了面向儿童服务对象的任务和项目。《国家基本公共服务标准（2021年版）》“七有两保障”中八个方面都有面向儿童提供的基本公共服务项目。我国儿童获取基本公共服务越来越便捷，城乡之间、地区之间儿童基本公共服务的差异变得越来越小。覆盖城乡、更加均等的基本公共服务为儿童全面发展提供了重要支撑。

儿童工作机构和儿童法治保障得到明显加强。儿童发展重要性空前提升，迫切需要对儿童工作机构和法治工作进行优化和强化。在工作机构方面，2016年国务院建立农村留守儿童关爱保护工作部际联席会议制度。在此基础上，2018年国务院建立农村留守儿童关爱保护和困境儿童保障工作部际联席会议制度，将留守儿童和困境儿童工作统筹考虑。同年，民政部单独设立儿童福利司。2019年最高人民检察院设立第九检察厅即未成年人检察厅。2021年国务院未成年人保护工作领导小组成立。在加强儿童工作机构建设的同时，我国儿童法治保障也取得了重大突破性进展。2015年《中华人民共和国反家庭暴力法》出台实施，为保护儿童免受家庭暴力提供了法律保障。同年通过的《中华人民共和国刑法修正案（九）》和2020年通过的《中华人民共和国刑法修正案（十一）》，先后加大了对儿童刑事司法保护的力度。2020年《中华人民共和国未成年人保护法》第二次修订，为更好保护未成年人健康成长提供了更加坚强有力的法治保障。

二、儿童友好先行先试探索经验

近年来，越来越多的城市将儿童优先原则转化为城市治理的实际举措，将儿童发展纳入重点工作统筹推进。保障儿童权利的政策法规体系进一步完善，多元参与的儿童工作机制进一步巩固，儿童发展环境进一步优化。

注重顶层设计，高起点擘画“新蓝图”。各地在建设儿童友好城市过程中高度重视政策引领作用，将儿童友好理念充分融入城市发展重大规划和公共政策。长沙市于2015年发出创建儿童友好城市“动员令”，并将其纳入《长沙2050城市远景发展战略规划》。次年起，儿童友好城市建设工作连续多年写入市政府工作报告。2018年发布《长沙市创建“儿童友好型城市”三年行动计划（2018—2020年）》。2021年进一步将儿童友好城市建设纳入《长沙“十四五”规划和2035年远景目标纲要》。2020年威海市在山东省率先启动儿童友好城市创建工作，将建设儿童友好城市纳入市“十四五”规划，连续两年列入市政府工作报告，并出台三年行动方案。2022年《重庆市儿童友好城市建设实施方案》正式印发，明确提出将儿童友好纳入经济社会发展规划，编制实施儿童发展规划，并在全市发展重大规划、政策、项目决策中引入儿童影响评价。

完善法规制度，高标准制定“路线图”。各地在探索建设模式经验的过程中，都不约而同坚持制度先行，积极建立健全相关配套机制和支持政策。深圳市陆续发布了涵盖社区、学校、图书馆、医院、公园、出行系统、母婴室、实践基地、儿童参与等领域的建设指引，形成了儿童友好城市建设制度体系。2022 年菏泽市立足当地实际，将制度创新作为工作重点，出台全国首部儿童友好城市建设地方性法规——《菏泽市儿童友好城市建设促进条例》，就儿童友好城市建设总则、规划建设、服务管理、保障措施、附则等作出系统部署。2022 年杭州市出台全国首部地方人大关于儿童友好城市的决定——《杭州市人民代表大会常务委员会关于加强儿童友好城市建设的决定》，明确了加强儿童友好城市建设的指导思想、目标任务、配套措施、工作机制、保障监督等方面细则要求。

整合社会资源，高效率共建“大格局”。儿童友好城市建设是一项系统工程，不仅要有儿童的心声，更应有全社会的行动。成都市立足西部超大城市治理特点和规律，大力支持引导社会力量参与儿童保护和服务工作，通过政府委托、项目合作、重点推介、孵化扶持等方式，积极培育为儿童服务的社会组织和志愿服务组织。鼓励创建儿童友好企业，建立完善激励机制，鼓励企事业单位积极参与儿童友好城市建设工作。保定市积极鼓励企业整合产业资源，投身关心关爱儿童的事业，以推进儿童友好产业发展、促进儿童友好城市建设。

回应社会关切，高质量设计“服务单”。儿童友好展现的是整个城市文明程度和高质量发展水平，是关乎城市未来发展的不竭动力。上海市以“儿童友好 人人友好”为目标，围绕儿童发展和家庭关切，加大政策支持力度，拓展高品质活动空间，扩大优质普惠服务供给，着力降低生育养育成本。广州市全面加快建设儿童友好城市，并围绕当前群众关切的重难点问题，专门制定重点工程。苏州市将儿童友好城市建设作为市政府民生实事工作，加快社区、口袋公园、街区和公共场馆适儿化改造，并全力打造儿童友好交通体系。

第二节　绘就儿童友好共同愿景

随着新型城镇化的持续推进，越来越多的儿童生活在城市，成长在城市。儿童友好是城市高质量发展的重要标识，也是以人为核心的新型城镇化的战略方向。建设儿童友好城市，寄托着人民对美好生活的向往，事关广大儿童成长发展和美好未来。

一、儿童友好上升为国家行动

党的十八大以来，以习近平同志为核心的党中央把培养好少年儿童作为重大战略任务，将儿童事业纳入“五位一体”总体布局和“四个全面”战略布局中科学谋划、统筹推进。儿童发展是国民经济和社会发展的基础和保障，保障妇女儿童合法权益是党治国理政的重要内容。

儿童友好城市建设成为国家重大战略部署。2021 年 3 月印发的国家“十四五”规划纲要，将儿童优先发展理念贯穿其中，儿童事业发展与经济社会发展同步规划、同步部署、同步推进、同步落实，“儿童友好城市建设”以专栏形式列入重大工程，明确要求开展 100 个儿童友好城市示范，加强校外活动场所、社区儿童之家建设和公共空间适儿化改造，完善儿童公共服务设施。这为推进儿童友好城市建设指明了方向、擘画了蓝图。

儿童友好城市顶层设计初步形成。2021 年 9 月国家发展改革委会同国务院妇儿工委办公室等 22 个部门研究制定《关于推进儿童友好城市建设的指导意见》（以下简称《指导意见》），这是国家层面出台的首个专门针对儿童友好城市的文件，标志着中国儿童友好城市建设开启新的阶段。《指导意见》明确提出，到 2025 年在全国范围内开展 100 个儿童友好城市建设试点，推动儿童友好理念深入人心，儿童友好要求在社会政策、公共服务、权利保障、成长空间、发展环境等方面充分体现。展望到 2035 年预计全国百万以上人口城市开展儿童友好城市建设的将超过 50%，100 个左右城市被命名为国家儿童友好城市，儿童友好成为城市高质量发展的重要标识，儿童友好理念成为全社会共识和全民自觉，广大儿童享有更加美好的生活。

二、儿童友好让城市更美好

儿童友好是新时代的美好生活需要。中国特色社会主义进入新时代，我国社会主要矛盾已经转化为人民日益增长的美好生活需要和不平衡不充分的发展之间的矛盾。人民群众在“幼有所育”“学有所教”“弱有所扶”等方面的美好生活需要日益增长，亿万家庭期盼孩子们成长得更好，享受到更好的托育服务、基础教育、卫生健康、文化体育等公共服务，有更多“让孩子们跑起来”的公共空间，有更加安全舒心的成长和发展环境。我们的城市要让人民生活更美好，首先要对儿童更友好。儿童友好关乎家庭幸福、关乎城市未来。

儿童友好是城市治理现代化的题中之义。为儿童茁壮成长创造有利条件是每个城市的必修课，城市发展要推进儿童友好理念逐步成为社会共识和全民自觉，把儿童优先原则贯穿到城市经济和社会发展的全过程。建立健全有利于家庭发展的支持政策体系，全面提高面向儿童的公共服务水平，有利于增强城市发展的平衡性、包容性和可持续性。制定城市经济社会发展规划优先考虑儿童需求，体现儿童视角，有助于提升城市共建共享治理水平。

儿童友好是构建城市宜居环境的内在要求。对儿童友好的城市，必定是温暖、包容、具有韧性的城市。空间环境是否友好，直接影响着城市中数以亿计儿童及其家庭。营造儿童友好的城市空间，有助于提升市民获得感、幸福感、安全感。建设儿童友好城市，是一个不断提升市民幸福指数、让城市更加宜居的过程。如何将城市空间打造得更加“儿童友好”，也是营造城市宜居环境的应有之义。

三、推进儿童友好愿景变实景

推进社会政策友好，推动全社会践行儿童友好理念。社会政策友好，就是要在制定公共政策、配置公共资源、规划城市建设中，坚持儿童优先、体现儿童视角、注重儿童参与。要发挥政策和规划的引领作用，在城市经济社会发展规划中将儿童放在优先位置。要建立健全儿童参与城市事务机制，畅通儿童参与渠道。城市政府、企事业单位、社会组织、家庭和市民个人，要共同致力于儿童发展，积极增进儿童福祉，将儿童友好理念渗入全社会、融入千万家。

推进公共服务友好，充分满足儿童成长发展需要。公共服务友好，就是要立足儿童成长发展实际需求，健全完善面向儿童的公共服务体系，促进普惠共享、优质均衡。要通过发展普惠托育服务、探索实施父母育儿假制度，更好促进儿童早期发展。要通过推进基础教育均衡发展，让学前教育更加普及普惠、安全优质，让义务教育更高质量、更加公平。要做好儿童健康管理，加强儿童看病就医和医疗保障，促进儿童身心健康。要丰富儿童文体服务供给，推进图书馆、文化馆、美术馆等向儿童免费开放，组织多样化的文体活动，让童年生活更加丰富多彩。

推进权利保障友好，完善公益普惠儿童福利体系。权利保障友好，就是要关爱保护特殊困难儿童群体，构建适度普惠儿童福利体系，织密兜牢儿童社会保障网。要在保障基本生活的基础上，提升孤儿和事实无人抚养儿童助医和助学水平，优化家庭走访、监护评估、家庭培训和监护保护等相关制度，在机构层面推进福利机构优化提质，同时推广家庭式养育模式。要多渠道增加残疾儿童专业康复力量，加强康复机构管理，有条件的城市可以扩大康复救助范围并提高标准。要加强困境儿童分类保障，通过建立健全台账、定期上门查访等方式实现精准施策，加强基本生活保障、医疗保障和专项救助。

推进成长空间友好，提升城市空间品质和服务效能。成长空间友好，就是要让城市空间适应儿童身心发展特点，做到安全、便利、亲近自然，为儿童成长营造良好的外部环境。要开展城市街区社区、学校医院等服务设施及公园绿地等开敞空间的适儿化改造，加强人行道、自行车道规划建设和优化校园周边步行线路、人行设施。要在图书馆、美术馆、博物馆、音乐厅等人文场所积极设置适合儿童的参与空间，加强儿童劳动教育、课外实践、科技体验、素质拓展、自然教育基地等校外活动场所建设。要为儿童打造适合其游戏、阅读等的“微空间”。要强化防灾减灾安全教育，落实主体监管责任，有效防范各类事故风险。

推进发展环境友好，优化儿童健康成长社会环境。发展环境友好，就是要聚焦儿童日常学习生活等场景，塑造健康文明向上的社会人文环境。要从微观着眼，依托家庭家教家风建设，构建学校家庭社会协同育人体系。要从宏观着手，加强社会主义核心价值观和优秀传统文化教育。在线上，要加强网络环境保护，压实互联网企业维护网络环境主体责任，加大儿童用户量集中的网络平台监管。在线下，要切实维护校园安全、食品和儿童用品安全，坚决防止校园霸凌、性侵及家暴事件，严厉打击拐卖儿童等犯罪行为，有效防范儿童意外和人身伤害，积极预防未成年人犯罪。

第三节　统筹推进儿童友好城市建设

儿童友好是指为儿童成长提供适宜的条件、环境和服务，切实保障儿童的生存权、发展权、受保护和参与权。按照《指导意见》要求，推进儿童友好城市建设须秉持下述原则。

一、坚持儿童优先推进普惠共享

坚持儿童优先。儿童优先是我国促进儿童发展的核心理念与重要原则，不仅要求政府重视儿童议题，还要优先保障儿童利益。《中国儿童发展纲要（2011—2020年）》首次将儿童优先原则列为我国儿童发展的指导思想和基本原则之一。《中国儿童发展纲要（2021—2030年）》通篇贯穿儿童优先理念。儿童优先是建设儿童友好城市的基础原则，要坚持公共事业优先规划、公共资源优先配置、公共服务优先保障，推动儿童优先原则融入社会政策。

坚持普惠共享。建立健全儿童公共服务体系是儿童友好城市建设的重要内容。从儿童视角出发、以儿童需求为导向，在财政资金投入上优先保障，在公共资源配置和公共服务供给上优先满足儿童发展需要，是儿童健康成长和全面发展的有力保障。要坚持公益普惠导向，扩大面向儿童的公共服务供给，让广大适龄儿童享有公平、便利、安全的服务。

二、坚持中国特色秉持开放包容

彰显中国特色。2019 年习近平总书记在第二届“一带一路”国际合作高峰论坛开幕式讲话中提出，要发起“关爱儿童、共享发展，促进可持续发展目标实现”合作倡议，提倡让孩子们在儿童友好城市环境下成长。中国作为世界人口和儿童大国，建设中国特色儿童友好城市，照抄照搬、简单套用国外经验行不通，必须立足国情，加强政策统筹支持，紧密结合我国儿童发展需要和城市建设实际，构建中国特色、以我为主的建设机制，积极探索符合我国实际的道路模式。

秉持开放包容。从全球视野来看，国际上开展儿童友好城市建设的国家日趋增多，但仍以发达国家为主。中国是世界上最大的发展中国家，要坚持世界眼光，学习借鉴世界各国建设儿童友好城市的有益经验。中国建设儿童友好城市的实践和道路，将为广大发展中国家特别是共建“一带一路”国家提供重要模式和经验参考。要强化交流互鉴，以儿童友好促进民心相通。

三、坚持因地制宜注重友好协同

坚持因地制宜。中国幅员辽阔，不同城市发展存在差异。建设儿童友好城市，不可能所有城市整齐划一，而是要立足实际、因城施策。要充分发挥地方政府的主体作用，注重个性化探索、差异化建设路径和建设模式。要与城市经济社会发展水平相适应，结合资源禀赋特点，因城施策推进儿童友好城市建设。鼓励有条件的城市改革创新，先行先试，探索建设模式经验，积极发挥示范引领作用。

坚持“五好”协同。社会政策、公共服务、权利保障、成长空间、发展环境“五个友好”相互联系、相互作用，是一个有机整体。建设儿童友好城市，要“五好”并举，坚持儿童视角，统筹和全面推进“五个友好”建设。要处理好全局和局部、当前和长远、宏观和微观、主要矛盾和次要矛盾的关系。

四、坚持多元参与广泛凝聚合力

坚持多元参与。儿童友好城市建设涉及行业多、领域广，要坚持系统观念，强化儿童工作“一盘棋”理念，充分发挥党委领导、政府主导作用，健全完善多领域、多部门工作协作机制，充分发挥公共事业规划、公共资源配置、公共服务保障方面的职能，推动儿童优先原则融入各项社会政策。同时，积极引入社会力量，充分激发市场活力，共同推进儿童友好城市建设。

坚持凝聚合力。建设儿童友好城市是一项有温度的事业，离不开多部门合作、宽领域推进的协同配合，要加快形成党委领导、政府主导、部门协同、社会支持、人人参与的工作格局，凝聚全社会推进儿童友好城市建设的合力，让儿童友好成为全社会共识和全民自觉，共同把儿童友好城市建设好、把儿童事业发展好。

第二章　社会政策友好：从“1 米高度看城市”

儿童友好，政策先导。社会政策友好是儿童友好的基石。推进社会政策友好，要建立健全儿童友好政策体系，优化公共资源配置，将儿童友好理念落地落实。要从“1 米高度看城市”儿童视角完善城市规划建设，推动儿童全方位参与融入城市社会生活，发动全社会力量共同致力儿童发展，让儿童友好成为全社会的共同理念、行动、责任和事业。

第一节　推动儿童优先发展

推动儿童优先发展，要在城市规划建设中优先考虑儿童需求，在公共资源配置中优先满足儿童需要，在政策协调、资金投入、项目实施等方面促进形成儿童优先发展的工作合力。发挥数字技术的赋能作用，推动儿童工作方式方法创新。

一、推动儿童优先原则融入各项社会政策

推动公共事业优先规划，在城市规划建设中体现儿童视角。城市规划在城市发展中起着战略引领和刚性控制的重要作用，在城市规划建设中，要将儿童放在优先位置。首先要开展城市儿童发展现状分析，把握儿童友好城市建设基础。深入了解城市儿童需求，摸

清儿童事业发展基础情况，识别儿童发展面临的问题和挑战，为儿童友好城市建设的方案制定和监测评估提供信息依据。其次要促进儿童事业发展与城市经济社会发展同步规划、同步部署、同步推进，推动儿童友好理念落实。通过将儿童友好城市建设纳入城市经济社会发展规划，编制实施儿童友好专项规划等，推动在城市社会政策中更好体现儿童友好要求。

推动公共资源优先配置，满足儿童成长发展需要。城市基础设施等公共资源具有公用性和公益性属性，对于城市经济社会发展和儿童成长发展有着广泛和重要影响。在城市基础设施建设规划中要适度超前谋划和布局，将儿童需求纳入城市基础设施顶层设计，根据城市儿童数量和需求特征，优先安排儿童医疗卫生设施、基础教育设施等建设项目。在城市更新改造过程中优先满足儿童需求，充分结合儿童生理和心理发展特点进行适儿化改造和提升。例如，在道路建设方面，考虑儿童出行安全性，增设隔离设施，完善公共交通站场与过街无障碍设施建设等。

二、健全推进儿童优先发展工作协调机制

完善政策协调机制，凝聚儿童友好事业发展磅礴力量。健全完善多领域、多部门工作协作机制，国家发展改革委、国务院妇儿工委办公室等部门统筹协调儿童友好城市建设工作。行业主管部门按职能开展相关领域儿童友好行动，制定标准体系或建设指南。省级政府有关部门制定本地区儿童友好城市建设实施方案。城市政府履行建设主体责任，整体制定落实建设方案。

加强资金投入统筹协调，夯实儿童友好城市建设财力基础。中央财政统筹利用现有资金渠道，发挥中央预算内投资的引导和撬动

作用，对儿童友好城市建设予以积极支持。发挥财政资金的引导作用，积极引入市场机制，拓宽儿童友好建设项目的融资渠道，通过专项债券、社会捐赠等多种方式吸引多元资金投入儿童友好设施和项目建设。

形成组织实施多方合力，让儿童及其家庭得实惠、能受益。健全地方政府工作机制，开展儿童友好城市建设的城市建立领导小组或联席会议制度，定期研究调度重点工作。将儿童友好城市建设列入政府议事日程，鼓励纳入城市民生实事项目，确保落地达效。在城市发展重大规划、政策、项目决策中引入儿童影响评价，充分考虑儿童成长发展需求。儿童友好城市建设要通过重大工程建设和重点项目实施，让广大群众看到城市变化、有获得感。

三、推动儿童友好工作优先应用数字化手段

数字技术的应用有助于打破时空限制，满足多层次多样化服务需求，提升儿童公共服务均等化、普惠化、便捷化水平。通过大数据分析，可有效整合数字资源、精准掌握个性化需求，开发更有针对性的资源和服务。儿童友好城市建设要充分发挥数字化技术的积极作用，探索数字赋能城市建设的方式方法，营造尊重儿童、关心儿童、服务儿童的良好环境。

应用数字技术优化儿童服务。依托城市数字政府工作基础，融合儿童服务需求，建立健全覆盖全体儿童的公共数据资源管理平台和共享机制，创新数字化儿童服务应用场景，为儿童及其家庭提供便捷智能的托育服务、基础教育、卫生健康、文化体育等服务，推动入托入园入学、儿童就医、儿童文体服务等儿童相关服务事项在

线办理、一站式集成办理。通过服务数据采集分析，结合儿童需求，动态优化在线服务平台，增强优质趣味服务供给，进一步提升儿童服务的精确性、有效性和社会参与性。

应用数字化方式改进儿童参与方式方法。例如，采取儿童易于接受、喜闻乐见的形式，数字化模拟城市空间布局、设施改进方案，助力儿童意见能够真实友好地表达，并在城市公共空间建设改造中得以体现。

应用数字化手段提升儿童友好城市建设效能。在儿童友好城市建设中，儿童成长发展等数据信息可为儿童工作科学决策提供数据支撑，同时也要增强未成年人网络保护理念，如利用人工智能等新技术开展网络安全预警等，为孩子们营造良好的网络环境。

专栏 2-1　温州市以数字化赋能儿童友好工作

温州市通过搭建一体化智能化公共数据平台“儿童友好宝”，打造儿童友好服务应用的总入口，为全社会提供“一站式”儿童智慧服务。“儿童友好宝”包括儿童友好码、儿童友好应用中心、儿童友好服务图、儿童友好数据宝四大模块，集合儿童出行、游玩、学习、生活、政策享受等功能，形成儿童信息综合集成、儿童成长档案、儿童工作智能决策等，构建儿童友好知识闭环服务体系，以数字化智能化赋能儿童友好城市建设。

第二节　让城市对儿童更友好

城市是儿童成长生活的重要空间，儿童友好城市是坚持人民城市人民建、人民城市为人民的最佳实践，是城市高质量发展的标配和重要标识。要推进儿童友好理念融入城市规划建设，制定完善城市各类儿童友好空间与设施规划建设标准，完善城市功能布局，优化公共空间设计，推进城市建设适应儿童身心发展，满足儿童服务和活动需求。营造有利于儿童参与的社会环境，全面保障儿童在社会生活、社区发展、家庭事务中的知情权、表达权和参与权。

一、在城市规划建设中融入儿童友好理念

从“1 米高度”科学编制体现儿童友好要求的城市规划。优化体现儿童友好的城市空间布局，落实有利于儿童活动的自然生态、公园绿地、体育健身空间等布局，优先保障儿童服务设施和项目用地，满足儿童亲近自然、体育锻炼和文化娱乐公共服务的需求。科学谋划儿童友好的公共设施和服务配置，立足需求规模、发展水平和资金支撑能力，优先配置促进儿童友好的设施和服务项目。制定儿童友好空间建设项目清单，将重点任务细化落实到街区、社区层面，完善儿童学习、生活、游憩等相关设施建设，优化道路交通、开放空间、儿童教育医疗等设施，提升社区儿童综合服务功能。

在城市、街区、社区三个层面统筹推进儿童友好空间建设。城市层面要重点结合城市总体空间布局进行系统布局，优化配置道路交通、生态廊道等开敞空间，串联生态廊道、绿地系统、河湖水系、文化遗产等，以及综合防灾等体系，构建儿童友好空间体系。街区层面要根据人口规模分布，落实 15 分钟生活圈服务配置标准，重点完善儿童慢行交通系统、多功能活动空间、教育、医疗卫生等服务设施，并鼓励将设施的适儿化和适老化功能进行融合。社区是儿童友好空间建设的基本单元，要以安全健康、自然趣味、便利普

惠为原则，统筹配置托育、幼儿园、儿童之家等设施，同时注重微小空间利用改造和儿童安全出行系统建设，为儿童提供功能完善、安全便捷的生活学习环境。

二、营造有利于儿童参与的社会环境

儿童是城市的“小主人”，儿童友好城市建设离不开儿童的全方位参与。要尊重儿童独立人格，营造有利于儿童参与的社会环境。推动儿童参与融入城市社会生活，不仅意味着儿童有表达意见的权利，而且意味着要保障儿童的意见被倾听，并在相关决策中予以考虑。要形成良好的社会环境，在城市公共活动和公共事务中倾听儿童声音、尊重儿童意愿，在制定社会政策、发展公共服务中尊重儿童的独立人格，涉及儿童的重大事项事先听取儿童及监护人意见。培养儿童作为城市主人翁的责任感和参与公共事务的意识，推动儿童积极参与城市发展建设。

畅通儿童参与渠道。支持家庭成为培养儿童参与意识和参与能力的首要场域，引导父母主动为儿童创造温馨的家庭氛围，加强亲子互动和家庭协商活动，鼓励儿童积极参与家庭事务，为参与城市公共事务和社会生活奠定基础。深化少先队社会工作体系建设，为儿童参与城市发展提供制度性渠道，充分发挥少先队组织优势和育人作用，在各类社会实践活动中广泛采用儿童参与方法，带动学校、社区、校外教育场所等推进儿童参与。将儿童参与嵌入城市治理体系，鼓励在社区居民代表小组中吸纳儿童成员，让儿童的声音进入基层治理的决策体系，成为基层治理的参与者和行动者。积极探索符合儿童特点的参与方式方法，如一些城市开展的“小小规划师”活动，让儿童表达意愿想法，为城市儿童友好空间建设出谋划策。

专栏 2-2 成都市“小小儿童义集”让“1米高度”更友好

为了让儿童有更多参与社会事务的机会，成都市策划实施“蓉城幸福家·儿童友好义集”品牌活动。2021年6月以来，每月组织一期不同主题的义集活动，采取“课程赋能+全程指导”模式，精心选择人口密集、人流量大的场所作为活动举办地，先后走进各个独具特色的城市标志性建筑或文化传播地，也进入商圈、公园、社区、艺术中心、地铁站、乡村等充满烟火气的市民生活中，集结近万个亲子家庭参与现场活动。通过儿童参与义卖、主持活动、表演节目等形式，为儿童适应社会、人际交往、友善公益、创新创造等方面品格养成和能力培养创造有益条件。

三、全社会共同致力儿童友好事业

落实儿童友好城市建设政府责任。坚持“条块结合”“纵横联动”，确保儿童友好城市建设各项任务能够落地见效。发挥好中央顶层设计、科学规划、统筹指导作用，国家层面建立健全建设、认定、评估、监测等机制，健全儿童友好城市建设体制机制。压实部门责任，瞄准群众急难愁盼的教育、卫生、文化、体育、安全、环境等领域多点发力，由行业主管部门按职能开展儿童友好行动。例如，为推进成长空间儿童友好，开展儿童友好街区、社区、学校、医院、图书馆、公园等建设。压实地方责任，层层分解任务，落实好属地政府建设主体责任，省级政府和城市政府结合实际制定落实方案，扎实开展儿童友好城市试点。

鼓励社会组织参与儿童友好。社会组织是儿童友好城市建设的重要主体。目前，我国各类社会组织积极行动，为困境儿童、残疾儿童、留守儿童等提供帮助和服务，通过公益宣讲和体验增加儿童自我保护意识和自护自救能力，通过社区活动和幼儿园、学校、社区、商业等场所设施改造，营造积极健康、充满关爱的社会环境。需进一步动员社会各界力量，不断培育孵化为儿童服务的社会组织、专业社会工作者等队伍，完善儿童心理、情感、行为和安全自护等重点领域的志愿服务长效机制，打造儿童公益服务品牌，营造多元参与、共建共享的良好氛围。

鼓励和调动更多社会力量参与儿童友好。鼓励企事业单位参与儿童友好，支持有条件的企事业单位利用现有资源和优势，为儿童成长提供友好服务，探索企事业单位参与儿童友好城市建设的新路子。例如，开展儿童友好企事业单位开放日活动，依托企事业单位文化、行业资源和技术特色等，为儿童提供形式多样、内容新颖的职业观摩与研学体验场地，帮助儿童广泛深入地了解和体验各类社会职业。鼓励家庭和个人参与儿童友好，通过多种途径宣传儿童友好理念，引导更多社会成员和家庭了解儿童友好、参与儿童友好、建设儿童友好，形成人人、时时、事事、处处儿童友好的社会氛围，让儿童友好成为社会共识，让儿童在友好的社会环境中健康快乐成长。

第三节　托举儿童美好未来

儿童友好城市建设离不开人才、设施、投入等有效支撑。近年来，儿童友好城市发展不断提速，但仍面临专业人才紧缺、服务设施场地不足、资金投入不够等问题。把儿童友好城市建设好、经营好、发展好，需综合施策，多措并举，多点发力，补齐各类资源要素保障短板。

一、加强儿童友好人才队伍建设

人才是推动儿童友好城市高质量发展的第一资源。要加大专业人才培养力度，充分发挥高等学校、职业学校、科研院所作用，创新人才培养模式，优化培养课程体系，扩大儿童服务人才总量。健全儿童领域从业人员培训制度，定期组织职业培训和业务轮训，提升服务专业化水平。完善人才发展激励机制，建立健全适应行业特点的人才管理机制，在薪酬待遇、职称晋升、评优评先等方面给予政策倾斜，吸引更多优秀人才进入儿童工作队伍。促进人才有序流动和合理配置，引导鼓励向中西部地区和基层儿童服务机构流动。加强托育从业人员、基层儿科医生、音体美教师等急需领域儿童服务人才队伍建设。

二、保障儿童服务设施场地

从存量和增量上满足儿童公共服务设施用地需求。一方面，推进城市存量土地盘活利用。引导支持利用城市低效或闲置土地资源建设儿童友好服务设施和机构，通过城市更新、土地整备等有效保障儿童公共服务用地供给。鼓励通过长期租赁、先租后让、租让结合和弹性出让等方式为儿童友好服务设施和机构提供土地。另一方面，增加儿童服务设施用地供给。将儿童服务机构和设施建设用地纳入相关规划和年度用地计划并给予优先保障，在农用地转用指标、新增用地指标分配方面要适当向儿童友好服务设施和机构建设用地倾斜，强化公益普惠类儿童服务项目规划用地保障。符合条件的儿童友好服务设施和机构建设用地，可采取划拨方式予以保障。

三、建立健全多元投入保障机制

资金投入是儿童友好城市建设的重要保障。要建立健全多渠道、多元化投入格局，中央财政统筹利用现有资金渠道，发挥中央预算内投资的引导和撬动作用，对儿童友好城市建设予以积极支持。地方统筹中央相关转移支付资金和自有财力，强化政策支持。结合地区儿童发展需要，因地制宜做好儿童友好城市建设项目谋划储备和建设运营，鼓励以购买服务、运营补贴、以奖代补、租金减免等方式增加普惠性儿童服务供给。对价格普惠且具有一定收益的儿童服务设施项目，符合条件的鼓励通过地方政府专项债券加大支持力度。鼓励支持市场主体积极参与儿童公共服务设施建设运营，推进社会力量通过政府购买服务、公建民营等方式参与儿童公共服务供给。鼓励企事业单位提供儿童公益慈善服务。

专栏 2-3 温州市瓯海区统筹多方资金推进儿童友好城市建设

温州市瓯海区积极引导社会力量参与到儿童友好城市建设中，通过爱心瓯海·情暖万家活动、儿童友好慈善基金等公益项目投入 200 多万元资金，惠及辖区内 144 名困难儿童。通过“向日葵·同心行”项目筹集 1 000 多万元资金用于帮扶困境儿童，资助品学兼优、家庭经济状况困难的学子完成学业。中心片区 15 家商户成立“最美商家服务儿童友好联盟”，为儿童提供优惠和便民服务。

第三章　公共服务友好：开启美好人生开端

公共服务友好彰显了儿童友好城市建设的内在温度。发展面向儿童的高质量公共服务，满足广大儿童及其家庭多样化、多层次服务需求，是儿童友好城市建设的重要任务。近年来，各地积极发展儿童领域公共服务，但相对于群众需求，不平衡不充分问题依然存在，例如，婴幼儿照护服务短缺，儿童健康服务薄弱，儿童校外活动、文化、体育、休闲等设施普遍不足。儿童公共服务既要解决“有没有”的问题，又要解决“好不好”的问题。在城市公共服务中体现儿童友好，要从儿童视角出发、以儿童需求为导向，聚焦短板弱项，增加普惠服务有效供给、促进资源配置优质均衡、改善“硬设施”和“软服务”质量，全周期全方位推动儿童公共服务高质量发展。

第一节　公共服务友好护航儿童茁壮成长

公共服务关乎民生，连接民心。儿童是全社会最“柔软”的群体，我国 3 亿儿童中六成以上生活在城市，开展儿童友好城市建设，在城市发展中优先保障面向儿童的公共服务，是关爱儿童的重要途径，不仅有利于增进儿童福祉、增加人力资本积累，还有助于提升城市品质、增强人民群众获得感和幸福感。公共服务友好既要注重普惠共享，着力扩大普惠服务供给，也要注重优质均衡，不断缩小城乡、区域、群体间服务差距，让广大儿童享有更高品质的公共服务。

一、优先保障面向儿童的公共服务

公共服务友好是促进儿童健康成长的重要保障。童年是人一生发展的初始阶段，儿童的健康成长离不开适宜的条件、环境和服务。提供儿童友好的公共服务将为广大儿童健康成长和终身发展奠定坚实基础。但在城市建设与发展过程中，儿童的需求往往被忽略，儿童群体容易成为“隐形沉默者”。坚持儿童视角、关注儿童需求，要着眼“1 米高度”，在公共资源配置和公共服务供给中优先保障儿童生存和发展需要，扩大托育服务、基础教育、卫生健康、文化体育等服务供给，让广大适龄儿童享有公平、便利、安全的服务，最大限度满足儿童发展需要。

公共服务友好是增强人力资本积累的重要方式。当代少年儿童是中国特色社会主义事业的未来建设者和接班人，是社会主义现代化新征程中重要的新生力量。有研究指出，人力资本的投资回报率随着年龄的增长而递减，儿童早期投资回报率高达 1∶7 以上，对儿童的投资是人力资本最有效的投资。通过优先保障面向儿童的公共服务供给，提升儿童健康素质、教育素质、文明素养等，能够加快促进人力资本积累，提升人口素质，促进人的全面发展。

公共服务友好是提升城市品质、增强人民群众获得感和幸福感的重要依托。人民生活品质是城市品质的重要体现，优化面向儿童的公共服务，让广大儿童享受到更好的托育服务、基础教育、卫生健康、文化体育等公共服务，有利于提升居民生活品质，有助于更好地吸引和留住人才并激发人们建设城市的主观能动性。优质公共服务可为儿童成长创造良好环境，让孩子们成长得更好，有利于增进儿童福祉，不断增强人民群众的获得感和幸福感。

二、扩大普惠性儿童公共服务供给

公共服务友好要适应儿童身心发展特点，促进普惠共享。从内涵上看，要坚持惠及大众，建设儿童友好公共服务体系要面向全体儿童，保障儿童不因年龄、性别、地域等个体差异而受到不平等对待。要坚持安全优质，儿童尤其是婴幼儿需要全社会的保护呵护和关心照料，要确保儿童设施安全环保、儿童服务安心可靠，让更多儿童享有更加优质的公共服务。要坚持实惠可及，规范服务收费，保持合理价格，既要让孩子们享受得好，也要让群众承担得起。要坚持方便群众，推动更多儿童公共服务向社区延伸下沉，让儿童在家门口就近就便享受服务。

扩大普惠性儿童公共服务供给，要重点围绕托育服务、学前教育、儿童健康等群众需求集中、普遍关注的领域重点发力，力争覆盖更多儿童，做到质量有保障、价格可负担。推动普惠托育服务扩容，着力构建多元化、多样化、覆盖城乡的婴幼儿照护服务体系，鼓励支持企事业单位和社会组织、社区等提供普惠托育和婴幼儿照护服务。提高学前教育普及普惠水平，完善普惠性学前教育保障机制，全面普及三年学前教育，推进普惠性学前教育资源扩容提效，提高幼儿园保教质量。加强儿童健康服务和医疗保障，聚焦儿童身心健康需求，完善儿童医疗卫生服务体系，加快推进母婴友好医院和儿童友好医院建设，方便儿童看病就医，不断改善就医体验。

三、促进服务资源优质均衡配置

当前，我国社会主要矛盾已经转化为人民日益增长的美好生活需要和不平衡不充分的发展之间的矛盾，儿童及其家庭对美好生活有新的期待，期盼有更科学的养育照护、更好的教育、更高水平的医疗卫生服务、更丰富的精神文化生活。构建对儿童友好的公共服务体系，要顺应亿万家庭对美好生活的向往，优化服务资源配置，提高服务供给水平，增强儿童及其家庭的获得感、幸福感和安全感。要坚持全方位提供公共服务，涵盖幼有所育、学有所教、病有所医、弱有所扶等各个领域。要坚持全周期享有公共服务，针对胎儿期、新生儿期、婴儿期、幼儿期、青少年期等不同成长发育阶段的差异化特点，让儿童享有适宜的优质服务。

推动形成优质均衡的儿童公共服务资源配置格局，要在城乡、区域、群体均衡发展方面下更大功夫。促进儿童公共服务资源配置城乡均衡，注重城乡融合发展，持续缩小城乡差异，加快城乡义务教育一体化发展，完善城乡儿童医疗服务网络，推进城乡儿童文体服务资源整合和互联互通。促进儿童公共服务资源配置区域均衡，加快优质服务向基层、经济相对薄弱地区以及偏远地区延伸，补齐托育、教育、儿童健康、儿童文体服务等设施短板，促进区域优质资源共享和服务制度对接，提高相对薄弱地区儿童公共服务供给质量。促进儿童公共服务资源配置群体均衡，结合常住人口规模、结构及分布，科学设定各类公共服务设施的服务半径和范围，加快实现基本公共服务覆盖全部常住儿童，切实保障随迁儿童、留守儿童、残疾儿童、困境儿童等群体平等享有基本公共服务。

四、推进“硬设施”与“软服务”深度融合

公共服务友好不仅要在空间设施等“硬件”上引入儿童视角，还要在服务内容等“软件”中切实融入儿童友好理念。构建关爱儿童成长的城市公共服务体系应坚持“软硬结合”，不仅要遵循儿童友好空间与设施规划建设标准，从“1米高度看城市”视角加强城市公共服务设施适儿化改造，在托育机构、学校、医院、福利机构、图书馆、体育场馆、校外活动场所等规划建设中为儿童设置安全健康、便捷舒适的空间环境，而且要立足儿童身心发展特点、兼顾特殊儿童群体需求，创新供给模式，提升服务质量，丰富扩大多层次、多样化有效供给，为广大适龄儿童提供有益于身心健康和快乐成长、具有人文关怀的托育服务、基础教育、卫生健康、文化体育等友好服务。

专栏3-1 深圳市发布实施地方标准《儿童友好公共服务体系建设指南》

2022年深圳市制定了《儿童友好公共服务体系建设指南》，立足儿童不同生命周期阶段的成长发展需求、不同家庭状态的差异性群体需求，以儿童健康快乐成长为目标，从健康、教育、文体、游戏、出行、社区与家庭、社会保障、法律保护8个方面，提出了内容建设与空间建设两个方面的指引要求。具体包括儿童医疗健康服务、公共卫生服务、学前教育、中小学教育、特殊教育、文化服务、体育服务、游戏场地、自然体验服务、慢行交通、公共交通、社区服务、家

庭服务、社会保险、社会服务、社会救助、法治教育、司法保护、犯罪预防等。

第二节　高质量发展面向儿童的公共服务

高质量发展面向儿童的公共服务，要着眼于儿童及其家庭最直接、最迫切的现实需求，围绕托育服务、基础教育、儿童健康保障和医疗服务、儿童文体服务等方面重点任务，因地制宜、多措并举扩大优质服务供给，让广大适龄儿童享有更加公平、更为便利、更为安全的公共服务。

一、大力发展婴幼儿照护服务

3 岁以下婴幼儿照护服务是全生命周期服务管理的重要内容。党中央、国务院高度重视婴幼儿照护服务尤其是托育服务发展，国家“十四五”规划纲要提出要发展普惠托育服务体系，健全支持婴幼儿照护服务和早期发展的政策体系，并将千人口托位数指标纳入我国经济社会发展的 20 个主要指标。近年来，我国托育服务发展进入加速起步时期，相关顶层设计加快形成，发展托育服务被明确写入相关法律，支持政策密集出台，标准规范体系初步建立并不断完善。但当前，托育服务供需缺口依然明显，普惠性托育服务供给严重不足，家庭养育的时间成本和经济压力有待减轻。

大力发展婴幼儿照护服务，以普惠托育服务为重点，加大有效供给，补齐供需缺口。支持发展普惠托育服务，推进综合性托育服务中心建设，在提供普惠托育服务的同时开展行业业务培训等综合服务。积极挖掘和利用社区服务资源，发展社区嵌入式普惠托育服务。鼓励引导企事业单位为职工提供全日制、半日制、临时性等普惠托育服务。支持依托家庭住宅的托育点建设，为周边家庭提供弹性便捷、灵活多样的托育服务。探索实施父母育儿假制度，支持有条件的地方实施性别平衡的弹性育儿假政策，鼓励男性更多地承担养育和陪伴子女的责任。加强家庭科学育儿指导服务，通过入户指导、亲子活动、家长课堂等方式，为父母及婴幼儿照护者提供儿童早期发展指导服务，增强家庭科学育儿能力。

二、促进基础教育均衡发展

基础教育是面向全体适龄儿童的国民教育，把基础教育摆在优先发展战略地位重点保障，是促进儿童更好参与社会生活、提升国民素质的基础工程。党的十八大以来，基础教育领域综合改革深入推进，普惠性学前教育资源快速增加，义务教育持续巩固，特殊教育不断发展。随着“有学上”向“上好学”需求转变，基础教育发展面临优质资源不足、布局不均衡等挑战，学前教育尚未实现全面普及，普惠性资源总量不足，义务教育仍存有薄弱环节，特殊教育质量有待提升。

推进基础教育优质均衡发展，落实教育公益性原则，促进教育公平与质量提升。推动学前教育普及普惠安全优质发展，完善普惠性学前教育发展和保障机制，结合出生人口变动和城镇化发展趋势做好入园需求预测，满足幼儿就近入园需求。推进科学保教，全面提升幼儿园保教质量，促进实现幼有善育。推进义务教育薄弱环节改善与能力提升，完善义务教育学校免试就近入学制度，保障流动儿童平等享有基本公共教育服务。强化学校教育主阵地作用，提高学校课堂教学质量，全面压减作业总量和时长，提升学校课后服务水平，全面规范校外培训行为，进一步减轻义务教育阶段学生作业负担和校外培训负担。加强特殊教育资源建设，“一人一案”做好适龄残疾儿童入学安置，让每一名残疾儿童都有人生出彩机会。开展儿童友好学校建设，加强教育设施适儿化改造，提供包容公平的优质教育服务。

三、加强儿童医疗卫生服务

儿童健康事关家庭幸福和民族未来，加强儿童医疗卫生服务发展是公共服务友好的主要任务之一。党的十八大以来，我国儿童健康服务快速发展并取得显著成效，儿童健康促进保障机制持续健全，儿童医疗卫生服务网络日趋完善，儿童健康水平进一步提高，主要指标总体优于中高收入国家平均水平。但当前，儿童医疗卫生服务总量不足与分布不均问题并存。截至 2021 年底，我国共有儿童医院 151 家，占专科医院总量的 1.56%，儿科执业（助理）医师数 20.6 万人，占执业（助理）医师总数的 4.80%。儿童医疗卫生服务优质资源主要分布在东部地区和城市地区，中西部地区和农村地区资源相对薄弱。此外，儿童青少年近视、超重、心理健康等影响成长发育的问题逐渐凸显，对儿童健康促进工作提出更高要求。

加强儿童医疗卫生服务，要以保障儿童健康为出发点和落脚点，提升服务能力和质量水平。加强儿童健康保障，关注生命早期 1 000 天健康保障，加强婚前、孕前、孕产期保健和儿童早期发展服务。推进实施出生缺陷综合防治、母乳喂养促进行动，提高优生优育服务水平，建设母婴友好医院。建设儿童保健服务网络，做好儿童健康管理，规范预防接种和防治龋齿，降低近视及肥胖发生率。关注儿童心理健康，开展儿童生命教育、性教育，培养珍爱生命意识，提升自我情绪调适能力。服务儿童看病就医，以儿童医院、妇幼保健机构、综合医院儿科、乡镇卫生院、社区卫生服务中心为重点，以儿科和儿童保健科为支撑，加强儿童医疗服务网络建设，提供优质诊疗服务。加强儿童医疗保障，强化基本医保、大病保险与医疗救助三重制度综合保障功能，提高儿童基本医疗保障水平。开展儿童友好医院建设，开展医疗机构适儿化改造，营造符合儿童身心特点、呵护儿童健康全过程的温馨服务环境和友善服务氛围，为儿童提供优质高效的医疗保健服务。

专栏3-2 上海市儿童医院倾力打造儿童友好医院

上海市儿童医院多措并举探索建设儿童友好医院。在硬件友好环境建设方面，通过多元“萌化环境”、生动卡通形象、装饰用材变化、构筑造型变换、儿童游戏空间等，营造温馨童趣之感。在友好氛围营造方面，基于社会互助理论，各个科室建立了家长互助俱乐部，例如神经外科患儿家长俱乐部、爱“心”乐园先心患儿俱乐部等，把患有相同病种的患儿家长组织起来，针对性地开展健康教育工作及家长心理支持体系建设服务，为患儿的顺利治疗做好充分和积极准备。在健康育儿观念引导方面，开设“妈咪宝贝帮”“家长学校”“宝宝用药、药师护航”等公益科普项目，把家长的众多育儿疑问解决在就诊前，增加家长健康育儿知识，引导新手爸妈树立科学的孕育观和育儿观。

四、丰富儿童文体服务供给

儿童文化体育服务对于丰富儿童精神文化生活、塑造儿童健康体魄、促进实现全面发展具有十分重要的作用，让儿童享有多彩的文体生活是公共服务友好的重要体现。党的十八大以来，面向儿童的公共文化体育服务发展取得明显进展，服务体系不断完善，服务设施网络更加健全，服务能力和水平持续提升。也要看到，儿童文体服务供给还面临新的形势和挑战。面向儿童的文体设施、产品和活动等总体上不够丰富，公共文化场馆和公共体育设施对儿童的开放程度和利用率有待提升、服务设施的适儿化程度不高，适合儿童的优质文化产品供给不足，城市公共场所普遍缺乏儿童体育运动设施，儿童赛事活动相对较少。

合理规划文体设施布局和功能，结合城市经济社会发展水平、人口规模和分布、文化特色等实际情况，对儿童文体服务设施进行科学规划和合理布局，满足儿童多层次多样化文体服务需求。推进图书馆、文化馆、美术馆、博物馆等向儿童免费开放，推动有条件的公共体育设施低收费或免费向儿童开放。开展文体服务设施适儿化改造，推进图书阅览设施适儿化改造，在城市公共图书馆、街区儿童活动中心、社区儿童之家等为儿童开辟专门的阅览区域，鼓励有条件的城市配置儿童图书馆。在街区、社区、公园、绿地等公共场所加强配备适宜儿童参与的体育运动设施，鼓励配置具有趣味性、娱乐性的益智类体育设施。制修订面向儿童的体育设施器材等标准。丰富儿童文化体育活动，充分利用“六一”儿童节、世界儿童日等节日，组织开展儿童主题健身活动以及面向儿童的阅读推广、文艺演出、展览游览等活动。丰富儿童体育赛事活动，通过形式多样的赛事项目，让孩子们“动起来”“跑起来”。

第四章 权利保障友好：不让一个孩子掉队

儿童友好，一个都不能少。权利保障友好是儿童友好城市建设的内在要求。要保障好孤儿、事实无人抚养儿童、残疾儿童、留守儿童、流动儿童、困境儿童等儿童群体的权利，加强分类保障，让城市对每个孩子都更加友好、更有温度。以完善公益普惠儿童福利体系为突破口，持续提高儿童福利保障水平，推进儿童权益保障工作走深走实。

第一节 加强特殊儿童群体分类保障

党的十八大以来，我国儿童福利制度从补缺型向适度普惠型转变，特殊儿童群体基本实现分类精准帮扶，儿童权利保障取得重大成就。但总体看，儿童福利仍是社会保障体系的短板，建设儿童友好城市要持续增强各类重点儿童群体的关心关爱和服务保障，织密兜牢儿童权利保障网。

一、做好孤儿和事实无人抚养儿童保障

近年来，党中央、国务院出台了一系列政策措施，对孤儿和事实无人抚养儿童的基本生活、教育资助、医疗康复等作出了制度性安排。以孤儿的基本生活保障标准为例，各类民政服务机构集中养育孤

儿保障平均标准从 2012 年每人每月 972 元提高到 2021 年的 1 697 元，社会散居孤儿保障平均标准从 2012 年每人每月 703 元提高到 2021 年的 1 257 元。在标准不断提高的同时，保障范围和内容也在不断拓展，保障对象从孤儿扩大到事实无人抚养儿童等特殊困难群体，保障内容从生存需要扩展到教育、康复等促发展层面。截至 2022 年 9 月，全国共有 15.9 万名孤儿和 35.1 万名事实无人抚养儿童纳入儿童福利保障范围。提升孤儿和事实无人抚养儿童保障水平，要进一步完善相关政策，推进政策落地见效，提升服务精准程度。

完善孤儿和事实无人抚养儿童基本生活保障制度。建立完善孤儿和事实无人抚养儿童等特殊儿童群体基本生活保障自然增长机制，强化孤儿和事实无人抚养儿童保障制度与社会救助等政策有效衔接。增强孤儿和事实无人抚养儿童医疗和教育保障，深化孤儿助医助学项目，探索推进事实无人抚养儿童助医助学。优化完善监护评估、家庭指导和监护保护制度，完善监护监督程序，对监护人的指定和履职给予及时支持或干预，确保儿童在安全温暖的环境下健康成长。

关注孤儿和事实无人抚养儿童的心理健康。孤儿和事实无人抚养儿童身心成长尚未成熟，且缺少监护人的精心照护和教育引导，在保障和救助方式上绝不能简单地“发钱了事”。要关注可能出现的亲情失落、心理失衡、学习失效、安全失守等问题，给予儿童和家庭更多关心关爱。还要注重保护儿童隐私和个人信息，避免其被标签化而遭受歧视。

二、完善残疾儿童社会福利制度

残疾儿童及其家庭需要格外关心、格外关注。我国实施困难残疾人生活补贴和重度残疾人护理补贴制度（残疾人两项补贴制度）以及残疾儿童康复救助制度，这是残疾儿童社会福利制度的重要内容，对于减轻残疾儿童家庭负担、促进残疾儿童全面发展起到了重要作用，为保障残疾儿童基本生活、改善残疾儿童康复状况提供了重要保障。

进一步完善残疾儿童社会福利制度。健全残疾人两项补贴动态调整机制，鼓励各地根据经济社会发展情况和残疾儿童实际需求，建立补贴标准动态调整机制，逐步扩大两项补贴覆盖范围，探索创新补贴内容和形式。完善残疾儿童康复救助制度，加强残疾儿童康复救助与基本医疗、临时救助等社会保障制度的有效衔接，鼓励有条件的地方扩大残疾儿童康复救助项目及年龄范围，提高救助标准。增强残疾儿童康复救助服务供给能力，协同推进儿童残疾预防、早期筛查、诊疗康复，鼓励公办机构开展康复业务，推动儿童福利机构为机构外残疾儿童提供康复服务，支持社会力量举办康复机构，推进符合条件的儿童福利机构纳入残疾儿童康复救助定点服务机构。

专栏 4-1 重庆市璧山区聚焦残疾儿童关切推进权利保障友好

重庆市璧山区出台《璧山区残疾儿童康复救助制度实施细则（试行）》，对 0 ~ 6 岁残疾儿童康复提供全方位保障。实施扶残助学工程，全力保障残疾儿童入学，通过普校随班就读、重度残疾儿童送教上门等方式，实现残疾儿童入学“零拒绝、全覆盖”。在特殊教育学校开设律动课和旱地冰壶等运动项目，组织残疾青少年积极参与，丰富残疾青少年体育运动。搭建助残志愿服务平台，对残疾儿童进行免费口腔疾病筛查，开展“心手相牵、守护成长”暑期残疾儿童安全知识宣传活动，促进残疾儿童健康成长。

三、加强留守和流动儿童关爱服务

近年来，各地区各有关部门通过政策保障、专项服务和公益活动，开展了富有成效的留守儿童和流动儿童关爱保护工作，对促进儿童健康成长起到了积极作用。城乡社区儿童之家建设大力推进，儿童之家数量明显增加，成为守护儿童健康成长的“第二个家”。

进一步加强留守儿童与流动儿童关爱服务。强化家庭主体责任，加强对留守和流动儿童父母的家庭教育指导服务，鼓励更多留守儿童、流动儿童父母参加家庭教育和育儿培训，确保儿童得到妥善监护照料、亲情关爱和家庭温暖。支持学校、志愿团体以及社会组织开展多种方式的亲子活动，增进亲情交流。充分发挥基层儿童关爱服务体系作用，发挥儿童主任和儿童督导员在家庭走访、台账建立、信息更新、强制报告、政策链接等方面的重要作用。推进社会各方积极参与，鼓励和引导社会力量积极参与留守儿童和流动儿童关爱服务，支持和指导中小学校加强心理健康教育，为留守儿童和流动儿童健康成长创造良好环境。促进流动儿童融入城市，完善城市流动儿童入学政策，切实保障其平等接受义务教育的权利，为随迁子女在流入地升学提供更多机会，为流动儿童营造平等友善的成长环境。

四、确保困境儿童权益得到有效保障

我国困境儿童主要包括三类，一是因家庭贫困导致生活、就医、就学等困难的儿童，二是因自身残疾导致康复、照料、护理和社会融入等困难的儿童，三是因家庭监护缺失或监护不当遭受虐待、遗弃、意外伤害、不法侵害等导致人身安全受到威胁或侵害的儿童。由于不同类型困境儿童的自身和家庭状况、所处环境以及生存发展所面临的困难不尽相同，其所需要的帮扶措施也有所不同，需要针对困境儿童监护、生活、教育、医疗、康复、服务和安全保护等方面的突出问题，分类施策、精准帮扶。

第二节　完善公益普惠儿童福利体系

儿童福利是儿童权利保障友好的核心内容，是实现城市儿童权利保障友好的基础性制度安排。当前，儿童福利体系面临新形势和新挑战，完善公益普惠儿童福利体系，需健全儿童福利工作网络，推进关爱服务平台建设，完善儿童保护工作机制，推动儿童福利机构实现优化提质。

一、健全儿童关爱服务体系

推进儿童关爱服务网络立体化、全覆盖。打造立体式关爱服务网络，建立健全“一门受理、协同办理”的部门间横向协调联动机制以及城市、区（县）、街道及社区不同层级间纵向服务体系。强化区（县）级未成年人救助保护机构、街镇未成年人保护工作站机构能力建设，选优配强儿童督导员、儿童主任，完善特殊儿童信息台账及定期上门查访机制。儿童主任等儿童工作者对辖区内儿童信息进行汇总、整理和上报，基层社区收集、掌握儿童日常信息，建立翔实完备的特殊儿童群体信息台账，实行一人一档案，并对具体个案开展指导，将关爱服务传递给每一位儿童。

推进儿童关爱服务送达精准化、有实效。要建立健全动态工作机制，强化部门间的信息共享和协调联动，统筹做好儿童权益保障政策执行、工作协调、权益督查等工作。通过未成年人保护热线等信息平台及时受理、转介侵犯儿童合法权益的投诉、举报。儿童主任等儿童工作者对辖区内孤儿、事实无人抚养儿童、残疾儿童、留守儿童、流动儿童、困境儿童等儿童群体信息进行动态更新和管理。对监护状况较差、失学辍学、无户籍以及患病、残疾等儿童，要进行定期随访和重点核查，做好强制报告、转介帮扶、临时监护等工作，有效打通儿童关爱服务的“最后一公里”。

推进儿童关爱服务供给主体多元化、有质量。儿童关爱服务体系具有涉及范围广、专业性强等特点。做好关爱服务工作，不仅需要发挥政府部门的作用，还需要引导社会力量广泛参与其中。要进一步链接各方资源，畅通和规范社会力量参与途径。支持社会组织、爱心家庭、社会工作者、志愿者等社会力量在家庭教育指导、精神慰藉、心理疏导、社会融入等方面发挥积极作用，凝聚全社会关爱保护儿童的合力，为推进儿童权利保障友好提供支持和服务。

二、推进儿童福利机构优化提质

随着经济社会发展和人民生活水平不断提高，儿童福利机构在服务方式上由养育走向医疗康复，实现从“保生存”向“促发展”转变；在养育方式上，由集中养育发展为家庭式养育、寄养等多种方式并存，实现从单一养育向多元化安置的转变。与此同时，随着机构内养育儿童数量不断下降，病残孤儿比例不断上升，发展专业服务需求日益增加，发展不平衡不充分、发展质量不高等问题日益显现，迫切需要优化资源配置、提高保障服务效率。

推进儿童福利机构优化提质。着力促进儿童养育、医疗、康复、教育和社会工作一体化发展，完善儿童收养登记管理，推进实施收养评估制度。支持有条件的儿童福利机构，在内部建造家庭式居所，选择符合条件的夫妻进行家庭式养育，为机构内儿童提供家庭式的温暖和关怀。儿童福利机构可通过内设社会工作部门、设置社会工作专业岗位等方式，引入社会工作者依法依规参与养育、医疗、康复、教育和安置等服务，为儿童提供个性化、专业化服务。

推进儿童福利机构实现资源优化配置。鼓励儿童福利机构拓展服务范围，向机构外残疾儿童、特别是向困难家庭残疾儿童等特殊儿童群体以及其他有需求的儿童延伸康复等服务。推动不同儿童福利机构之间、儿童福利机构与社会力量之间共享优质资源，探索利用人工智能、互联网开展远程教育、远程医疗等方式提供服务。发挥儿童福利机构场地优势，链接社会资源，丰富儿童关爱服务网络功能。

专栏 4-2 湖南湘西州慈爱园为困境儿童“插上爱的翅膀”

湘西州慈爱园集孤儿教育、生活照料、心理辅导、素质拓展、就业帮扶等多种功能于一体，主要为散居孤儿和事实无人抚养儿童提供家庭式温馨生活和良好的学习环境。通过专业社工、医护人员、志愿者组成的服务队伍，以观察、调查、访谈等形式，对有需要的儿童针对性开展个案辅导。通过心理辅导、情感交流、行为互动的方式，拉近孩子与员工的距离，增加孩子们的归属感和幸福感。

第三节　凝聚儿童关爱保护多方合力

在儿童权利保障中充分体现儿童友好要求，要充分发挥工作协调机制的统筹作用，夯实儿童关爱保护基层基础，畅通儿童关爱保护服务落地的“最后一公里”，广泛凝聚儿童权益保障多方力量。

一、充分发挥协调机制作用

儿童权利保障是一项复杂的系统工程，涉及儿童成长各阶段和各方面，需要多部门的支持与协调配合，需要全社会的高度关注和共同行动。要从家庭、学校、社会、网络、政府、司法六个维度统筹协调，强化儿童权利保障工作的全局谋划和整体推进，形成协调、会商、督导、检查、落实的工作保障机制。

发挥协调机制的重点工作议事部署作用。将儿童友好城市建设工作纳入协调机制工作的重要议事议题，结合重点保障对象的工作要求，形成工作清单，督促各职能部门和责任部门落实，整体推进权利保障工作的实施。

发挥协调机制的工作督查督办作用。结合儿童友好城市建设中涉及儿童权利保障友好内容，对涉及校园欺凌、监护侵害等严重危害儿童合法权益的事件或社会热点问题进行督查督办。

发挥协调机制的协调会商作用。重点针对情况复杂、需求多样、需要多部门共同参与的个案或儿童热点问题，有效发挥协调机制的个案会商和工作会商职能，协调解决儿童的需求和问题。涉及部门间存在的政策不清晰或不连贯、部门工作职责不明确等情况，均可通过协调机制进行统一协商处置。

发挥协调机制的风险防范功能。注重防范化解儿童权利保障领域的重大风险问题，确保发现报告、应急处置、评估帮扶、监护干预的儿童保护联动响应机制有效运转，逐步建立儿童保护动态监测网络，并纳入舆情监测，对涉及儿童的重大风险做到预防、提醒和及时处置。

二、夯实关爱保护基层力量

社区、社会组织、社会工作者、社区志愿者、社会慈善资源等“五社”是儿童关爱保护服务重要的提供者和支持者，具有专业性强、服务直接、能够有效整合资源等优势。要加强“五社联动”，提升儿童关爱服务质量和效益。发挥社区居（村）委会组织作用，深化以社区为平台、以社会组织为载体、以社会工作者为支撑、以社区志愿者为辅助、以社会慈善资源为补充的“五社联动”机制，推进“五社”要素在儿童关爱保护工作中融合发展。

充实儿童类社会组织力量。依托社会组织孵化平台，推动儿童服务类社会组织孵化培育。加大培训力度，逐步提升社会组织专业化能力和服务水平，支持研发并推广社会组织参与儿童福利和保护工作手册、操作指南和服务标准，为社会组织专业化服务提供规范指导。加大特殊困难儿童关爱服务、儿童心理疏导、监护风险评估、家庭教育指导等政府购买服务力度，促进专业社会组织良性发展。

发挥儿童社会工作者专业支撑作用。推进儿童社会工作专业人才队伍建设，加强未成年人救助保护机构、未成年人保护工作站人才队伍建设，发挥人力资源优势，协助社区开展专业化服务。探索社工站和未成年人保护工作站两站共建，依托驻站社会工作者面向基层提供专业化儿童服务。

完善社区志愿服务机制。通过公益积分兑换、公益银行等方式，进一步调动志愿者参与社区儿童关爱保护服务的积极性，引导社区志愿者、社区志愿服务组织在帮助特殊困难儿童群体健康成长和全面发展中进一步发挥积极作用。

引入社会慈善资源。打通社会慈善资源参与社区儿童关爱保护服务渠道，支持发展社区慈善基金，培育发展社区基金会，在社区儿童托管陪护、安全保护、健康救助等方面护童成长，以慈善关爱助力儿童权益保障。

专栏 4-3 潍坊市寒亭区“五社联动”关爱留守和困境儿童

潍坊市寒亭区探索通过“五社联动”机制，为留守和困境儿童提供系统专业的关爱帮扶。搭建“区—街道—村（社区）”三级社会工作服务体系，街道社工站将社工服务、志愿服落地至村（社区），村（社区）社工室整合各类救助政策、各部门救助资源和社会慈善资源，为儿童关爱保护提供服务阵地和平台。街道社工站和村（社区）社工室联动专业社会组织实施“金禾成长计划”，对留守和困境儿童定期入户探访，做好分类管理和分需求管理，共同开展个案、小组等专业服务。启动社会工作专业人才“行知”实训计划，邀请专家开展相关实训，提升社工队伍实务能力。联动大学生等当地志愿者 300 余人，就近开展儿童帮扶志愿服务，增加关爱帮扶力量。撬动社会慈善资金 12 万元，为困境儿童改善生活条件，强化社会支持。

第五章　成长空间友好：城市为儿童而改变

成长空间是儿童友好城市建设的重要载体。快速城镇化过程中，现代城市的高楼林立、环境污染、交通拥堵，忽视了为儿童成长保留充足适合的空间。我国儿童隔代抚育比例高、室外活动强度低、儿童游憩健身场地少等问题突出，急需从优化拓展城市空间中找到破题之路。建设儿童友好空间，就是要从儿童视角出发，以满足全年龄段儿童需求为导向，以儿童健康成长为目标，推进城市、街区、社区多层级儿童友好空间体系建设，推进城市公共空间和公共服务设施适儿化改造，有效增补儿童校外活动场所和游憩设施，让孩子们在城市有更多的地方可以“跑起来”，让儿童受益于更高品质的人居环境。

第一节　儿童友好空间的分层构建

儿童友好的城市空间应适应全年龄段儿童健康成长和发展需求，满足各年龄段儿童生理、安全、归属、尊重和自我实现的需求。结合城市更新、老旧小区改造等，构建城市、街区、社区不同层级儿童友好空间体系。城市层面应加强顶层设计，围绕公共服务、开敞空间、道路交通、安全防护等全面构建儿童友好空间。街区和社区层面应重点围绕服务设施、活动场地、学径网络等不断完善设施配置，提升空间适儿化水平，建设儿童友好街区和儿童友好社区。

一、把握儿童成长空间友好原则

为贯彻落实党中央、国务院决策部署，推进城市儿童友好空间建设，2022 年 9 月，国家发展改革委、住房和城乡建设部、国务院妇儿工委办公室联合印发《城市儿童友好空间建设导则（试行）》（以下简称《导则》）。《导则》提出，要以公益普惠为原则，坚持“1 米高度”视角、寓教于乐内涵、安全环保标准，推进儿童友好空间建设，让广大儿童享有安全、便捷、舒适、包容的城市公共空间、设施、环境和服务。

《导则》明确了城市儿童友好空间建设的基本原则，即儿童优先、普惠公平，安全健康、自然趣味，因地制宜、探索创新，并明确了城市、区（县）、街镇及社区等层级的儿童友好空间的规划、设计、建设以及各类空间的适儿化改造等要求，为各地和有关部门推进儿童友好空间建设提供了重要参考和指导。

坚持儿童优先、普惠公平。以儿童更好成长为目标，以公益普惠为原则，兼顾特殊儿童群体的需求，推进“1 米高度”的儿童视角设计，按龄、按需推进儿童友好空间建设，让广大儿童公平享有便捷、舒适、包容的设施、空间和服务。建设全龄包容的儿童活动场地和游憩设施，宜结合 3 岁以下婴幼儿、3 ~ 6 岁学龄前儿童、6 ~ 12 岁小学生、12 ~ 18 岁中学生等不同年龄阶段儿童活动特征和动静需求分龄分区设置。

坚持安全健康、自然趣味。以安全健康为第一原则，加强各类儿童服务设施在选址、建设、使用等方面的安全考虑与保障。儿童服务设施选址应尽量避开交通混杂、环境嘈杂的片区，实现为儿童提供安全健康、环境优美的空间与活动场所。坚持使用绿色、安全、环保的建设材料，保障各类儿童游憩设施建设和运行安全，降低儿童密集场所安全灾害事故风险，增强儿童防灾减灾意识与能力。尊重儿童向往自然、好奇探索的心理特征，将自然、艺术、趣味的设计元素和色彩搭配充分融合到儿童友好空间中，激发儿童创造力、想象力，为广大儿童创造安全、健康、绿色、快乐的成长空间环境。

坚持因地制宜、探索创新。结合各地情况与特点，因城施策推进儿童友好空间建设。鼓励多主体参与，制定共商、共建的实施方案，引导各主体发表意见并形成建设方案，鼓励儿童与社区居民全面参与实施方案的构思和设计过程。探索共治、共享的长效运营机制，鼓励支持企业等社会力量长期参与儿童友好空间建设。构建儿童参与城市治理通道，提升儿童对城市发展的认知度。鼓励有条件的城市改革创新，积极探索儿童友好空间建设、儿童参与机制构建等模式，满足广大儿童不断增长的美好成长空间需要。

二、规划城市层面儿童友好空间

儿童友好空间建设在城市层面，应强调“1 米高度看城市”的理念，在城市建设与治理中引入儿童视角，着力构建儿童友好城市公共活动圈，营造公共服务设施友好、开敞空间友好、出行环境友好以及成长环境安全友好的儿童友好城市，满足儿童融入社会、平等使用城市空间和服务的需求。

构建关爱儿童成长的公共服务设施体系。逐步建立多层级覆盖、功能完善、便捷可达的城市儿童公共服务设施体系，为儿童友好空间建设提供设施保障。推进婴幼儿照护、教育、医疗卫生、公共体育、儿童福利、儿童综合服务、图书阅览、展示与艺术表演等各类城市儿童公共服务设施适儿化建设和改造。统筹各级各类公共服务设施资源，协同行政机关、事业单位、公司企业和科研机构等多元力量，以儿童综合服务设施为主体，其他公共服务设施为补充，拓展儿童校外活动场所，形成布局合理、功能完备、充满活力、可持续发展的儿童校外活动空间。

打造自然趣味的开敞空间体系。积极开展城市郊野型公园、综合公园、专类公园、社区公园、口袋公园、城市广场等开敞空间的建设和适儿化改造，宜增设儿童使用的活动场地，并配置游憩设施，有条件的城市应按照相关标准建设儿童公园。推进串连公园绿地、山体、江海、河湖水系和文化遗产的城市绿道建设，并进行适儿化改造和安全防护改造，形成特色化儿童友好开敞空间网络。逐步建立类型多样、布局均衡、网络联通的儿童友好开敞空间体系。

建设适宜儿童出行的道路交通系统。落实“小街区、密路网”城市道路建设理念，减小生活街区尺度，提升步行和自行车出行品质，提高儿童出行的便捷性。优化城市公共交通出行环境，加强无障碍设施建设，提升儿童及童车出行的舒适性。完善城市道路交通安全设施，加强机动车和非机动车交通管理，通过实施道路稳静化措施、控制交通污染，保障儿童出行的安全性。加强儿童交通安全教育，增强儿童安全出行能力。

营建保障儿童安全的成长环境。为儿童生活和成长提供安全健康的大气、水和土壤环境，降低儿童相关的各类设施、空间环境中的潜在风险，加强儿童安全教育以提升儿童及看护人的自救互救能力，增强儿童群体人员密集场所的安保功能和安保设备场所规划建设和引导，为儿童使用频率较高的公共服务设施和公共空间配置便于儿童及看护人识别的标识系统，鼓励设置儿童紧急救助机构以减少儿童意外伤害和伤亡等。

三、建设街区层面儿童友好空间

儿童日常的活动与发展需求得益于街区环境和街区生态文化的友好与完善。街区层面的儿童友好空间建设，要与15分钟步行出行范围相衔接，在满足儿童早期成长与生活需求的基础上，结合儿童日常活动、上下学出行范围，聚焦儿童学习、交往、游戏等成长需要，依托街区空间构建儿童独立安全活动圈，建设完善儿童服务设施、活动场地、慢行系统和学径网络。

配建均衡完整的儿童服务设施。根据街区常住人口规模，合理配置、均衡布局中小学学校、卫生服务中心、街道综合服务设施等，满足儿童求学、就医等生活服务需求。结合街区文化活动中心设立儿童活动中心，组织面向儿童的图书阅览、科普教育、文艺演出、体育锻炼等活动，鼓励儿童服务设施与养老服务设施相邻或联合设置。鼓励依托街区内的美术馆、博物馆、剧场等公共服务设施，拓展儿童校外活动场所。

建设全龄包容的儿童活动场地。根据街区居住用地布局，合理配置游乐设施、体育运动设施和休憩设施等儿童活动场所。鼓励对社区公园、道路沿线建筑退线空间，以及街区内其他闲置空间等进行适儿化改造，在满足安全的前提下增设全龄儿童活动场地，助力建设开放、有趣的儿童活动公共空间。

营建安全顺畅的儿童出行环境。构建街区全域覆盖的儿童友好学径网络，串接住宅、中小学及街区其他儿童服务设施、儿童活动场地和各类校外活动场所等，打造安全畅行的上学、归家路线，规模较大封闭街区宜向儿童开放慢行通廊，提升学径网络的便捷度。有条件的街区可根据实际情况设置分时段游乐街巷，为儿童提供独立、可安全玩耍的街巷活动场地。

专栏 5-1 福州市南街街道用好资源禀赋建设“家门口”的儿童友好场所

福州市鼓楼区南街街道地处福州市中心城区，是闽都千年文脉的重要承载地。为了让辖区儿童有更多的游乐活动空间，南街街道积极打造街头足球场，新建三坊七巷北口公园、杨桥路二环路交叉口公园2个口袋公园，同步引入适儿化设施，为儿童建设“家门口”的活动乐园。依托儿童之家、党群服务中心、新时代文明实践站，将非遗文化、民俗特色、校外实践等资源效应最大化，为儿童打造“家门口”的常态化服务。活化利用三坊七巷、白马路沿线等深厚闽都文化资源，为研学活动注入“福”文化元素，开辟红色场馆、社会人文、文艺演出等游学路线，构建产业发展与儿童友好城市建设良性互动的可持续发展“生态圈”。

四、打造社区层面儿童友好空间

社区是除家庭、学校外与儿童关系最密切的社会环境。社区层面儿童友好空间建设，要与5～10分钟步行出行范围相衔接，优先配置满足婴幼儿和学龄前儿童日常需求的服务设施、游乐场所和步行路径，满足儿童日常基本生活和成长发展需要。

建设完善便利的儿童服务设施。配建与常住人口数量相协调的托育、幼儿园、儿童之家等儿童服务设施，关注残疾儿童的特殊公共服务配套，满足儿童就近就便使用需求。推进社区服务站、社区卫生服务站、文化活动站等设施的适儿化改造，鼓励设置儿童阅览区域、课后自习教室等，方便儿童课后学习。儿童服务设施可与社区其他服务设施统筹配置、复合利用。

配置特色趣味的儿童活动场地。充分利用游园、口袋公园、室外综合健身场地及小型多功能运动场地等，增设儿童游乐场地和体育运动场地，为儿童提供更多游憩空间。鼓励利用社区低效空间营造儿童“微空间”，为儿童交流、体验自然、参与社区美化、体验社区文化等活动提供美育和自然教育场所。

构建安全连续的儿童出行路径。加强社区内慢行系统建设，完善儿童出行路径，实施道路稳静化措施，为儿童在社区内的出行提供安全、有趣的场所体验。设计自然化、可探索的空间，寓教于乐、融教于野，让孩子可以挥洒天性、快乐成长。

第二节　儿童成长空间的友好改造

城市空间适儿化改造是儿童友好空间建设的重要路径，应根据儿童的年龄、身心特点、行动特征、活动需求和看护人日常生活方式等，优先对儿童使用频率较高的公共服务设施、道路空间、公园绿地进行更新和改造，创造宜居、宜学、宜乐、宜游的友好空间环境。

一、公共服务设施适儿化改造

公共服务设施主要包括托育服务设施、幼儿园和中小学等教育设施、医院和妇幼保健院等医疗卫生设施、儿童福利院等社会福利设施、图书馆等图书阅览设施、博物馆和科技馆等展示与艺术表演设施、体育设施等，是城市重要的公共配套设施，是儿童享有托育服务、基础教育、卫生健康、文化体育等公共服务的重要场所。

儿童公共服务设施适儿化改造，应通过空间再塑造实现扩展儿童认知、启迪儿童思维、促进儿童健康成长的效果，避免围绕原有的儿童基本公共服务设施“炒冷饭”，例如，简单地将城市本应配套建设的学校、幼儿园等作为儿童友好空间建设的重要内容。宜探索塑造各类特色空间，增补母婴室、第三卫生间等必要的功能空间，减小模块化、标准化的空间。通过对儿童使用的楼梯、栏杆以及建筑环境的通风、照明和降噪等适儿化改造，实现环境安全和品质提升。

二、道路空间适儿化改造

道路空间是儿童日常交通出行两地之间的通行空间，包含儿童外出过程中会使用的城市道路、交通标识、公交场站、停车点等所有交通场景。我国道路建设普遍缺少适合儿童安全、独立、趣味的街道空间，影响儿童独立出行，间接造成一些交通安全隐患，一定程度上限制了儿童亲近自然、参与城市生活。要改善儿童安全出行体验，对道路空间进行适儿化改造，增强儿童安全出行能力。

完善慢行交通体系。加强人行道、自行车道的适儿化改造，划定独立、连续、安全的儿童步行和骑行空间。保证道路人行道、自行车道的有效通行宽度，避免设置遮挡视线或阻碍通行的隔离物体，保障儿童及看护人步行和骑行连续、安全的基本需求。合理布置安全岛、阻车桩等过街设施，改善儿童出行的无障碍环境。完善街道照明系统，保障儿童和自行车夜间通行的安全性和方便性。对街道界面、街道家具进行趣味化、艺术化改造，优化街道步行环境，激发儿童学习与探索的兴趣。

优化校园及儿童主要活动场地周边道路空间。采取交通稳静化措施，通过增设人行横道线、安全岛、车辆减速带等限速措施，降低车辆对儿童安全的影响。依托校园周边道路空间，因地制宜打造不同类型的学径空间，保障儿童能够安全便利到达各类公共服务设施和儿童活动场地。结合学校周边交通条件，综合采取空间挖潜、资源共享、价格调控、临时停车、标识设置等措施，保障学校门前交通秩序和儿童进出安全，打造富有童趣的、安全的上下学环境。

加快城市公共交通场站的适儿化改造。围绕提升儿童使用公共交通的便捷性和舒适性，推进候车空间、乘车空间的适儿化改造。统筹考虑儿童出行和识别需要，优化公交线网和轨道车站、公交车站位置布局，完善换乘信息、标识系统设计。候车换乘设施的适儿化改造宜结合当地气候条件，统筹考虑儿童遮阳、遮雨、避寒等需求。按需设置自行车停放区、公共厕所等服务设施，公交车和轨道交通车宜更加方便低龄儿童和轮椅上下，车辆内应设置爱心专座，保障儿童及看护人舒适乘车。

三、公园绿地适儿化改造

公园绿地作为儿童户外休闲游乐活动的重要场所，其适儿化改造是构建城市儿童友好生态空间体系的重要内容。为各年龄段儿童提供体验自然、交流沟通、享受游戏、激发创意的户外活动空间，对促进儿童身心健康成长、提高儿童身体素质、激发儿童创造力和想象力、增强对自然和社会的认知具有重要意义。

随着城市化进程的加快，城市建成区密度逐渐增高，各级公园儿童专属游憩空间不足、场地及设施不完善等问题日益突出，迫切需要根据儿童身心特点推进公园绿地适儿化改造，为儿童提供安全而有包容性的绿色公共空间。结合城市绿地体系及绿道网络建设等，有条件的城市宜对城市各类生态环境要素进行风险识别，通过筛选、监控和诊断的方法，针对各类要素对其风险量度进行量测，提出减缓或控制环境风险的措施，甄别选择适宜开展儿童活动的场所进行适儿化改造。基于不同尺度及功能类型的公园特点，结合儿童活动需求，对城市郊野型公园、综合公园、专类公园、城市广场、社区公园、游园及口袋公园等分类开展适儿化改造，拓展儿童游戏场地，设置亲近自然、启发创造性的游戏空间，增设安全的儿童友好活动设施。

专栏 5-2 广州市努力拓展儿童友好成长空间

广州市依托公园、绿地及各类公共空间，不断拓展儿童友好成长空间。坚持“科普为主、各具特色、各有精彩”原则，结合区域特色和实际需求，“一园一主题”建成了凸显生态型、安全性、趣味性、科普性、通达性和差异性的儿童专类公园体系，为广大儿童打造了生态环境优良、服务设施完善的公益性游乐场所。全力推动母婴室建设，发布《广州市公共场所母婴室建设指导手册》，明确全市母婴室的建设规范、管理标准。

截至2022年6月，全市建成公共场所母婴室1 300余间，覆盖医疗机构、交通运输场所、公共文体服务场所、公共服务机构、旅游休闲场所、商业经营场所等公共场所。

第三节　儿童友好空间的多元建设

校外活动场所是丰富教育内容和形式的空间载体，是儿童开展实践活动、激发兴趣爱好、展示个性风采的舞台。应鼓励城市分龄分类建设各类校外活动场所。因地制宜为儿童配置安全、趣味的儿童游憩设施，为儿童休闲、游乐、健身、社交等提供服务，补足设施短板，是建设儿童友好空间不可忽视的重要内容。

一、加强儿童校外活动场所建设

《指导意见》提出要"增加儿童校外活动空间，加强儿童劳动教育、课外实践、科技体验、素质拓展等校外活动场所设施建设"。《中国儿童发展纲要（2021—2030年）》明确要增加公益性儿童教育、科技、文化、体育、娱乐等校外活动场所，提高利用率和服务质量；将儿童活动场所建设纳入地方经济社会发展规划，加强各类爱国主义教育基地、党史国史教育基地、民族团结进步教育基地、科普教育基地、中小学生研学实践教育基地等的建设，推进儿童活动场所无障碍建设和改造。

儿童友好空间建设应积极引导城市增加儿童校外活动场所建设。以加强儿童思想道德教育、提高儿童综合素养和实践能力为目标，配置相关设施设备，提供相关专业化服务，可供儿童在课外开展劳动教育、自然教育、美育教育、科技体验、课外实践、素质拓展等活动的设施和空间，一般可增补建设综合性校外活动场所和专项型校外活动场所。其中，专项型校外活动场所包括劳动教育场所、自然教育场所、美育教育场所、科技体验场所、课外实践场所和素质拓展场所。

各类校外活动场所建设应明确功能、发挥优势、促进共享，满足儿童多样化的校外活动需求。根据不同年龄段儿童差异化的校外教育目标，配置相应的活动场地和设施设备。建设完善的安防体系，具备保障各类校外活动安全的应急处置能力。积极建设面向儿童开放的互动空间，为儿童提供参与和体验的机会。设置完善的无障碍设施以及便于儿童理解的无障碍导引和标识，方便儿童出行和使用。

二、推进儿童游憩设施补短板建设

在城市建设发展过程中，儿童游憩设施用地空间局促、分布不均匀、与其他城市空间共用，以及创新性和趣味性缺失、交互性缺乏等问题逐渐显现。儿童游憩设施建设应综合关注儿童心理学、发展规律和趣味性，培养锻炼儿童的心智和身体素质，形成丰富有趣、布局合理、尺度适宜、功能完善的设施体系。

保障使用安全性，规避危险要素。选址布局上，应着眼于城市环境、交通线路、阳光通风条件、避免潜在威胁，甄别选择适宜儿童活动的区域设置，关注不同类型尺度的场地设施需求。造型设计上，关注综合儿童人体工学特点、行为习惯，以及设施结构稳定性、紧急救助、跌落防护、避免卡住或挤压风险等，兼顾家长看护需求。材料选择上，以选择安全、耐用、卫生、易于维护的材料为基础原则，关注金属、油漆、木材等不同材料做法及处理方式。

合理设置游憩设施内容及规模。重点关注不同年龄层次儿童行为活动尺度及心理需求，在游憩设施设计及空间层面予以回应。设置简单或复杂，独立式或组合式，静态或动态等有助于激发儿童创造力、提高身体素质的游憩设施，并设置缓冲区，消除安全隐患。充分考虑不同年龄儿童的家长需求，对应设置家长看护区域。推进游憩设施趣味性、创意性建设，基于儿童审美特征，融合人文要素，结合科普教育、自然认知等需求，鼓励儿童创造，激发儿童想象力。

专栏 5-3 北京市东城区民安社区打造“欢声笑语的院子”

北京市东城区北新桥街道民安社区是2003年建成的回迁安置小区，为了给儿童创造更多游憩空间，社区利用小微空间打造安全有趣、儿童友好的活动场所“欢声笑语的院子”。将儿童活动场布置在日照条件较好的场地中心，通过绿篱将场地与车行通道、停车空间进行分隔，保证场地完整性和儿童活动安全性。设置二层平台，利用高差设置滑梯、大台阶等设施，增加场地的趣味性。将场地中原有混凝土路坎移除，利用无障碍坡道消解场地与单元入口之间的高差，方便轮椅、婴儿车进出和通行。无障碍坡道舒缓防滑，设置双层扶手，台阶、花坛转角处均做圆角处理，提高使用的安全性、舒适性。将具有胡同特色的设计要素融入景观小品中——呈现片区历史肌理的“东城区胡同地图”、寓意小朋友茁壮成长的“状元台阶”，让儿童在玩耍的过程中感受场地的历史与文化。

第四节　儿童友好空间的行动路径

打造儿童友好成长空间，行动是落地良方。未来应从规划、建设、实施等方面加强儿童友好空间建设。在城市规划层面，将儿童友好城市的建设理念融入各层级规划，为儿童友好城市建设提供规划保障。在城市建设层面，应编制儿童友好空间建设方案和建设指引，并逐步完善相应的建设技术标准。在实施层面，应推进重点示范行动，并结合城市体检评估，建立儿童友好空间的建设评估和反馈机制。

一、制定儿童友好空间建设方案

儿童友好空间建设是一个系统的、分步骤的建设过程，需要在顶层设计上通过制定政策和规划对城市层面进行全面的部署和引导。保障儿童友好城市理念落实，从顶层设计到各个层次的规划，提出儿童友好空间建设方案。在顶层设计层面，将儿童友好城市建设融入顶层规划或制定专项战略规划，明确建设儿童友好城市目标。在总体规划层面，搭建儿童友好城市的规划框架。在详细规划层面，明确与儿童友好相关的用地规模及空间布局。在专项规划层面，精准指引与儿童成长相关的重点领域。

二、有序开展儿童友好空间建设

强调打造特色试点，以点带面逐步开展儿童友好空间建设。各地可形成项目库，并确定相关建设内容及要求，有条件的地方可先行探索，分批分期开展各类儿童友好空间建设试点工作。可以从结合城市更新开展局部地区适儿化改造或微改造起步，逐步完善服务设施、保障发展空间、形成良好成长环境，以点带面、逐步推开。

同时也鼓励社会力量参与，并提供相关服务。

三、完善空间建设技术标准

不断深化儿童友好科学化、标准化、规范化建设，逐步形成与儿童友好城市建设相适应的设施布局标准及空间建设标准体系，形成涵盖儿童友好公共服务及其配套空间支撑的体系化的地方性建设标准。结合地方建设实际与发展需要，对婴幼儿照护、教育、医疗卫生、公共体育、儿童福利、儿童综合服务、图书阅览、展示与艺术表演等公共服务设施的数量、布局及规模作出指引，构建儿童友好公共服务设施体系。深化和细化各类儿童友好空间建设和改造标准，重点关注建筑场所、居住社区、道路街巷、广场公园等空间场所，完善各类儿童友好成长空间的建设标准和指引。

四、构建实施监督体制机制

儿童友好成长空间建设是一项涵盖多环节的长期性工作，应构建“规划引领—行动计划—监督评估”的实施运作体系，保障儿童友好城市建设的高质量推进。构建市委市政府牵头，多部门、多主体共同参与的工作机制。构建常态化的儿童参与机制，围绕项目搭建儿童参与通道，全面提升儿童参与水平。开展行动评估，及时反馈至下一周期的行动计划编制工作，确保儿童友好成长空间建设落到实处。

专栏 5-4 江苏省全方位开展城市儿童友好空间建设

2022 年江苏省印发《关于有序推进城市儿童友好空间建设的通知》，对全省儿童友好空间建设进行总体部署，各市加快推进儿童友好成长空间建设。南京市从局部地区适儿化改造起步，通过童趣化街区外墙装饰、打造社区“一米菜园”等改造儿童身边的空间，逐步开展儿童友好空间建设。苏州市加快构建儿童友好空间标准体系，先后编制发布了社区、学校、医院、出行系统和场馆五大儿童友好领域的建设指引以及《儿童友好出行交通设施设置指南》。扬州市开展“规划为儿 童话城事”儿童参与活动，搭建儿童及其家庭参与儿童友好公园、图书馆等友好空间建设参与通道。

第六章　发展环境友好：营造优质成长环境

发展环境友好是儿童友好城市建设的重要体现。对儿童友好的城市，不仅硬件设施要友好，社会风尚也要友好。越来越多的城市注重公共空间适儿化建设，同时，在儿童的日常生活、学习、娱乐等各类场景中，发动各方力量营造和睦幸福的家庭环境，打造积极向上的人文环境，维护健康有序的网络环境，着力塑造安全温暖、向上向善、开放包容的社会环境。

第一节　营造儿童友好家庭风气

家庭是城市的“细胞”，是影响儿童发展最早期、最重要的外部环境，良好家风对家庭成员特别是儿童，有着最直接、最具带动力的影响。儿童友好城市是由千千万万个儿童友好的家庭构成的有机整体。加强家庭教育，推进儿童友好城市建设从每个家庭环境建设做起，将良好家风吹进千家万户，是带动全社会营造儿童友好发展环境的基础性工作。

一、营造平等和谐家庭环境

引导家庭建立正确的教育观念，发挥好家长或监护人作为儿童成长“第一责任人”的作用，帮助孩子扣好人生的第一粒扣子，迈好人生的第一个台阶，为儿童成长营造一个平等、和谐与友好的家庭氛围至关重要。

家长或监护人应正确认识并充分尊重儿童的主体性和独立性，平等对待儿童，重视儿童参与家庭决策的权利，给予儿童自由表达意见的机会，鼓励培养儿童责任意识，培养儿童的好思想、好品行和好习惯。发挥好家风建设对于良好家庭环境的潜移默化作用。深入推进好家风建设，为家庭提供展示交流的共享平台。深入实施“家家幸福安康工程”，打造家教家风实践基地或相关场馆，广泛开展内容丰富、形式新颖的好家风宣传活动。推出系列家风文化服务产品，利用各类媒体宣传平台进行好家风主题宣传。

二、加强家庭教育指导服务阵地建设

家庭教育指导服务阵地是贯彻实施家庭教育法规、科学指导家长及监护人开展家庭教育的主要平台，包括家庭教育指导机构、家庭教育指导服务站点等。系统考虑各类指导机构与服务站点的不同职能定位，分类安排服务内容与发展重点，才能更好发挥不同层级家庭教育指导服务阵地效能。

统筹设置和建设城乡家庭教育指导机构，开展家庭教育指导服务人才队伍建设，向所覆盖家庭提供有针对性的家庭教育指导服务。利用好社区服务中心、家长学校与儿童之家等社区家庭教育指导服务平台，在社区定期举办各类培训与活动，鼓励引入优质社会机构为家庭提供服务。鼓励儿童公共服务场所提供多样化家庭教育指导服务，支持各类校外实践基地及儿童福利机构等充分利用资源优势，开展各具特色的家庭教育指导服务。引导、支持、规范家庭教育指导服务社会机构发展，制定行业规范，鼓励有条件的社会机构研发家庭教育指导教材和读本，开展面向行业的专业培训，提供公益普惠性家庭教育指导服务。

专栏 6-1 郑州市开展多样化家庭教育指导服务

郑州市从家庭教育指导服务着手，以形式多样的服务活动优化儿童成长环境。招募 800 余名志愿者组建 23 支市县两级家庭教育、心理咨询等志愿服务团，为城乡社区家长学校开展家庭教育指导服务活动提供优质讲师资源。策划开展百场家庭教育公益指导服务活动，组织讲师走进学校、社区开展家庭教育公益讲座 147 场，惠及家长 2.6 万人。组织开展心理辅导送课进学校活动，为 19 所学校 6 200 余名学生开展团体心理辅导活动。开展“网上家长课堂”，在微信群、钉钉群等开设专题讲座，宣传家庭教育理念和知识，回应广大家长育儿困惑和问题。联合河南广播电视台教育广播共同推出心灵关爱访谈《“爱”顾家》节目，共制播 40 余期。

三、推进家庭教育法制化建设

为了引导全社会注重家庭家教家风，增进家庭幸福与社会和谐，2021 年 10 月，我国出台实施《中华人民共和国家庭教育促进法》，从家庭责任、国家支持、社会协同及法律责任等方面，明确了各方在促进未成年人家庭教育中的责任与义务，为推进家庭教育法制化建设提供了重要依据。

在建设儿童友好城市过程中，要根据本地实际情况制定完善家庭教育地方性法规、条例或实施办法，在城市发展规划及与儿童相关的发展规划中，纳入家庭教育相关内容，明确分步实施计划。制定实施家庭教育指导服务机构准入机制和规范管理标准，使家庭教育行业规范发展有法可依、有章可循。开展形式多样的家庭教育普法活动，利用好学校家长委员会或家长学校、社区服务中心、妇女儿童活动中心与儿童之家等平台，打造多元的家庭教育普法阵地。以家庭教育法规与相关行业规范为准绳，引导家庭教育行业加强自律管理，从行业准入、队伍建设、服务规范等方面，严抓家庭教育服务质量。

四、完善家校社协同共育体系

营造儿童友好的育人环境，统筹推动家庭、学校、社会高效协同，构建家庭教育、学校教育、社会教育结合紧密、有机衔接的协同育人体系，加强社会教育资源的开发和综合利用。

家庭应主动关注学校教育与社会教育，力所能及地参与家长委员会与家长学校等，及时沟通儿童成长发展近况，鼓励有条件的家庭积极参与学校教育决策。学校应为家庭提供开放的参与平台，为家庭教育提供专业指导。扩大面向家庭的公益普惠教育资源供给，提供符合家庭需求的家庭教育产品与服务，为家庭教育、亲子游戏、儿童同伴游戏等提供各类公共文体场所与资源。有条件的学校、社区服务中心及各类校外活动场所等，可遴选优质社会资源进行友好合作，共同构建家校社协同共育的有效机制。

第二节　培养健康向上精神文化

健康向上的精神文化是考量城市儿童友好社会氛围的重要因

素。将弘扬和传承中华优秀传统文化与培育践行社会主义核心价值观相结合，创作符合儿童特点的优秀文化产品，为儿童提供丰富多彩的文化艺术活动与服务，重视和加强校园文化建设，打造儿童友好城市的内在精神文明风尚。

一、鼓励创作适宜儿童的优质文化产品

儿童文化产品是反映一座城市儿童友好精神文明建设的载体，其表现形式多种多样，既包括显性的书籍、绘画、歌曲、戏剧、影视作品、手工艺品、非遗文化产品及电子出版物等，也包括各种儿童活动、游戏、游学及研学等。创作适宜儿童的优质文化产品，要激发文化创作活力，精心打造一批儿童文化项目和文化品牌，提高文化产品质量。

加快完善公共文化服务体系，重点从政策扶持、体制机制建设与财政支持等方面，鼓励文化市场推出一批优质儿童文化项目与产品。积极鼓励内容原创、形式创新，打造一批兼具民族气质与国际视野的儿童文化产品。鼓励探索建立儿童文化产品制作与传播的行业规范，引导行业有序发展。强化调查，深入了解儿童与家庭文化需求，鼓励针对不同年龄段儿童，创作适宜其身心发展特点的文化产品。鼓励坚持公益原则，部分儿童文化产品可免费或低收费向儿童与家庭开放。

专栏 6-2 保定市儿童友好之歌——《在爱的守护下长大》

太行山下我们的家，
靴城稳步安定天下。

张开臂膀拥抱世界，
奇迹步步开莲花开莲花。
回到爱的家，回到爱的家，
日月星辰绽放友好之花。
回到爱的家，回到爱的家，
我们在爱的守护下长大。

二、开展丰富多彩的儿童文体科艺活动

儿童与家庭的精神需要日益多样，内涵不断丰富，而文化、体育、科技及艺术活动等是承载儿童多元精神需要的有效载体。应有效发挥不同主体职能，面向儿童与家庭开展形式多样、内容丰富的各类文体科艺活动，丰富儿童精神世界。

充分发挥学校集体活动的组织优势，因地制宜举办各类展示展演与赛事活动。鼓励打造特色校园活动品牌，倡导儿童积极参与、主动参与。有条件的学校还可以引入优质社会资源，为儿童提供更加多元的活动体验。鼓励社区开展形式多样的儿童活动，关注社区内流动儿童活动需求，鼓励他们和家人一同参与社区活动，帮助他们更好地融入社区生活。鼓励城市公共博物馆、纪念馆、陈列馆、展览馆等文化机构，免费或低收费向儿童开放。

三、打造文明和谐的校园文化

校园作为儿童生活与学习的重要场所，其文明和谐与否直接关系着儿童的成长质量。加强校园文化建设对于城市“小主人”的全面发展具有“润物细无声”的重要意义。要重视和加强校园文化建设，开展各具特色的校风、教风、学风与班风建设，营造儿童校园

交往的友好环境，不断提高校园人文环境的品质。

开展校风、教风、学风与班风建设。在充分挖掘学校历史与本地传统资源的基础上，根据学校办学思想和理念，大力营造积极向上、崇尚科学、善于创造、具有时代特征和学校特色的良好校园风气。积极开展教风建设，有效开展师德教育，制定完善师德规范，严格师德管理，加强教师思想品德和道德教育，宣传师德建设先进典型，积极建设热爱学生、为人师表、教书育人、钻研教法、不断探求的优良教风。扎实开展学风建设，加强对学生的教育和引导，营造勤奋努力、积极向上、认真诚信、充满兴趣、乐于探究的良好学风。抓好班级和团队工作，建设团结友爱、互相帮助、快乐和谐、健康向上的良好班风。

为儿童建立平等、轻松与和谐的校园交往关系。倡导尊师重道传统美德，积极创建相互尊重的师生关系。为教师提供广阔的学习交流平台，鼓励教师主动学习与儿童发展及儿童友好相关的理念与知识，并内化于教育实践中。营造友好互助的同学关系，通过一系列校园品牌活动、班级特色活动，引导建立相互尊重、认同、包容的同学关系。鼓励学生之间建立学习与生活上的友好结对关系，在互帮互助中增进友谊。有效预防校园欺凌，建立并公开校园欺凌事件的及时报告与处理机制。鼓励儿童参与班级建设与学校建设。

创设“各美其美、美美与共”的高品质校园人文环境。充分发挥环境育人的作用，重视校园绿化与美化，营造德育的良好环境和氛围。鼓励引导学生积极参与校园环境的设计、维护和创造。精心设计和组织开展内容丰富、形式多样、吸引力强的校园文化活动，组织开展优秀传统文化进校园、进课堂活动，深入开展共青团、少先队实践活动。普及发展青少年健身运动，让更多儿童经常性参与体育锻炼。

第三节　筑牢儿童安全发展屏障

对儿童友好的城市，首先要确保儿童安全。儿童网络安全保护、校园安全保障、意外伤害防范、食品用品安全监管、灾害事故预防应对等，牵动整个社会的心弦，也是每个“小家”和“大家”关心的大事。要多方协同、多管齐下，共同筑牢儿童成长的安全屏障。

一、持续净化网络环境

随着网络普及程度上升，我国未成年人首次触网的年龄不断降低，手机等移动终端的使用率不断提高，网络成瘾、游戏沉迷等问题在未成年人群中仍有发生。营造儿童友好的网络环境，急需提升儿童及其监护人的网络素养、加强外部安全监管与强化内部主体责任。

提升儿童及其监护人数字素养。互联网已成为儿童认识和接触外部世界的重要途径，在一定程度上影响着儿童人生观与世界观的塑造。要加强对儿童的数字公民教育，强化家长或监护人的监督与引导主体责任。鼓励学校将儿童的数字素养相关教育纳入基础教育体系，在提升青少年数字化技能的同时，引导其科学合理使用互联网，自觉抵制网络不良信息和不法行为。灵活运用多媒体手段，开展家长或监护人网络监管责任的知识传播与培训，引导其以恰当的方式教育和监护儿童合理使用网络，及时发现、制止和矫正儿童网络游戏沉迷和不当网络消费行为，倡导家庭使用绿色网络。

营造安全清朗的网络空间。近年来，网络违法犯罪行为呈现更加多变、迅速、隐形的特点，利用网络侵害未成年人的违法犯罪行为更加难以侦查。要加强网络环境保护，聚焦网络直播、网络游戏等儿童上网重点环节和应用，及时发现处置危害儿童身心健康的不良信息，严厉查处违法违规行为。加大儿童用户量集中的网络平台日常监管，规范涉儿童相关网站管理，压实互联网企业维护网络环境责任。

二、织密儿童学习生活安全网

儿童安全是其健康成长的基本需求，校园安全和人身安全是儿童友好环境不可或缺的要素。要立足于儿童成长发展过程中面临的现实安全风险，加强校园、校舍和校车安全管理，防止儿童意外和人身伤害，提升灾害事故防范应对能力。

维护儿童校园安全。开展中小学生安全教育日活动，深化少年警校建设，推进“护校安园”专项行动，加强校园、校舍和校车安全管理。落实食品安全校（园）长负责制，保障在校学生安全营养用餐。强化儿童用品安全监管，加强监督检查，及时向社会公示。促进校园安全保障队伍专业化、管理标准化，通过定期培训、实训、演习等方式，持续提升校警专业知识储备与技能。鼓励有条件的城市开发使用校园安全智能化管理平台，将日常安全监督、安全隐患排查、师生安全教育与应急处置等网络化、可视化，并与公安等部门建立有关突发事件的迅速报告与迅速响应的应急机制。

防止儿童意外和人身伤害。交通事故、溺水、跌落、烧烫伤、中毒、触电等情况是造成儿童意外事故的多发原因，要健全重点易发意外事故预防和处置机制。加强安全风险隐患排查，增强儿童自我保护能力，防患于未然。加强儿童急救网络建设，一旦出现意外事故，做好急救处理，有效降低儿童伤害。做好学生欺凌防治工作，细化防控和处置学生欺凌、性侵害、家庭暴力的机制与流程，有效防范性侵、家暴事件。严格落实侵害未成年人案件强制报告制度，保障儿童合法权益。儿童失踪和被拐卖严重威胁未成年人人身安全，要及时受理、依法查处儿童失踪案，严厉打击拐卖儿童等犯罪行为。

提升灾害事故防范应对能力。推动落实儿童密集场所安全主体责任和行业监管责任，有效防范应对各类灾害事故风险。强化防灾减灾安全教育，增强儿童防灾减灾意识和自救互救能力。可利用防灾减灾日等特殊时间节点，对儿童与监护人开展防灾减灾安全教育，重点开展常见灾害科普、应急演练、自救互救演习等活动，面向家庭研发易于儿童理解的防灾减灾科普读本、漫画等加以宣传。储备面向儿童需求的重要应急物资。

专栏 6-3 “安全大篷车”进社区　共筑儿童安全防护墙

佛山市南海区狮山镇北园产业社区为关爱新市民儿童，加强儿童居家安全教育宣传，通过狮山镇“小候鸟驿站”开展“‘安全大篷车’进园区，儿童安全共创活动”。活动以趣味游戏互动的形式为新市民儿童普及居家游戏注意事项、居家安全隐患排查、居家逃生路线情境等安全事项，帮助新市民儿童树立和掌握安全知识，提高自我保护能力。

三、积极预防未成年人犯罪

儿童友好城市的有序运行离不开严密的法治网络，应为儿童创造坚强有力的法制保护环境，及时发现、制止未成年人不良行为和严重不良行为，铸就保障未成年人安全健康成长的坚实后盾。

开展未成年人法制宣传教育。发挥学校作为开展未成年人法制宣传教育的重要阵地作用，将中小学法制教育融入课堂教学和学校教育活动的各个环节，提高法制教育的针对性、实效性。充分利用全国法制宣传日等时间节点，开展有针对性的法制宣传教育活动。发挥司法行政部门和普法主管机关的专业支持作用，鼓励调动司法行政部门与公安部门的法制教育资源，通过实地参观、体验，为未成年人开辟法制教育的“第二课堂”。加强校外法制教育阵地建设，鼓励有条件的城市建设青少年普法教育基地与法制教育基地。

推进实施未成年人违法犯罪分级干预机制。加强对未成年人不良行为、严重不良行为和犯罪行为的表现形式、发现途径与干预措施的宣传普及，强化对罪错未成年人多发领域重点监控。完善处置机制，做好对未成年人罪错行为的干预、教育与矫治，在准确识别不同类别罪错行为的基础上，因人因案而异，分类分级开展训诫、跟踪矫治、专门机构矫治等工作。依法妥善办理涉未成年人案件，坚持“教育、感化、挽救”方针和“教育为主、惩罚为辅”原则，严格落实未成年人刑事案件特别程序，依法惩戒和精准帮教相结合以预防重新犯罪。

·社会共建篇·

第七章　社会组织伴童行：公益慈善助力儿童友好

儿童友好城市建设是一项全局性、战略性、系统性工作，需要社会各界尤其是社会组织的共同协作，形成多方参与的强大合力。近年来，越来越多的社会组织通过多种方式参与儿童友好城市建设，在发展公益慈善事业助力儿童友好等方面作出了有益贡献。儿童友好城市建设工作的走深走实，为社会组织更好发挥作用提供了广阔空间。

第一节　激发助力儿童友好活力

社会组织是社会力量参与儿童友好城市建设的中坚力量和专业力量，包括基金会、社会团体、社会服务机构等。社会组织的服务提供能力、资源协调能力、政策倡导能力等，在很大程度上影响着一个城市的儿童友好水平。要在加强社会组织自身服务能力建设的同时，完善行业统合协调服务平台，探索行业规范标准，进一步激发社会组织的活力与潜力，更好助力儿童友好。

一、加强儿童类社会组织自身能力建设

无论是从儿童友好城市建设需求出发，还是从社会组织未来发展需求出发，都迫切要求支持发展儿童领域的社会组织，扶持

和引导有意愿有能力的社会组织积极参与儿童公益慈善事业。积极培育壮大儿童类社会组织和人才队伍，大力发展提供儿童保育服务、卫生健康服务、心理辅导服务、课后服务等多样化服务的社会组织，加快培育既具备专业知识又富有爱心、耐心和责任心的专业队伍。提升儿童类社会组织自身的服务意识与能力，提高社会组织儿童服务专业水平，通过技术赋能提升服务能力，通过组织治理和行业自律提升组织管理能力。发挥行业组织的引领作用，加强对儿童公益慈善服务宣传，打造儿童公益品牌。充分发挥公益基金组织作用，拓展针对不同儿童群体、不同儿童需求的专项基金和公益项目，鼓励开展有利于促进儿童身心健康发展的能力建设活动以及公益性项目，支持以多种方式参与儿童友好城市建设。

二、搭建社会组织统合协调服务平台

社会组织在参与儿童友好城市建设方面有灵活、多样和个性化等天然优势，而行业合作有利于扬长补短、发挥合力，也有利于优化行业环境，提高服务效能。随着社会资源的日益丰富，参与儿童友好城市建设的社会组织数量在不断增加，建立合作共建的协调机制有助于从根本上提高资源使用效率。例如，在推进儿童权利保障友好中，搭建儿童福利服务资源的信息共享平台，构建更广范围、更高层级的公开透明的信息共享和协作网络。北京春苗慈善基金会为让更多患病儿童和家庭了解医疗救助信息，在医院设立专门救助咨询台提供服务，便是统合协调资源的一种尝试，既为有需求的儿童家长获得救助提供了指引，也为提供儿童服务的社会组织传递了信息、链接了资源。

三、探索标准赋能社会组织参与儿童友好

目前，我国社会组织参与公益慈善助力儿童友好的相关服务标准和监督规范仍有待完善，需探索研究制定完善社会组织参与儿童友好城市建设的相关规范标准，包括参与资质、服务范围、服务方式、服务内容和流程、评估指标、监管主体、监管方式等。此外，儿童成长的需求是多层次的，不仅需要衣食住行等物质层面的保障，也需要教育、心理等精神层面的支持。宜分类开展并提供清晰的社会组织合作指引，以实现友好服务的精准提供。

专栏 7-1 携手护航　温暖“童”行

——温州市多措并举促进社会组织致力儿童友好

温州市积极培育儿童服务类社会组织，将儿童保护和儿童友好服务项目纳入政府向社会力量购买服务指导性目录，共培育儿童服务类社会组织 169 个，全市乡镇街道社工站实现儿童工作队伍全覆盖。成立儿童友好社会组织联盟，通过组织共建、合作交流等方式，积极承办参与儿童友好服务项目，激励带动更多社会力量参与儿童友好城市建设。成立“儿童友好慈善基金”，推进儿童慈善关爱工作。举办全国助残日暨孤独症儿童当代艺术展，由相关单位牵头，超 30 家社会组织参与，为孤独症儿童创造更包容、开放的世界。

第二节　推动儿童友好政社联动

形成政府和社会组织共同推进儿童友好城市建设的合力，有利于提高资源统筹效率，疏通建设难点和堵点。良好的政社关系有助于实现政府与社会的良性互动，在儿童友好城市建设中统筹政社资源，需进一步优化政社协调机制。

一、健全社会组织参与机制

社会组织参与儿童友好城市建设的方式多样，既有政府向社会组织购买服务的直接合作方式，也有围绕组织愿景、发挥组织优势提供专项服务的间接合作方式，还有更多的社会组织则处于自发参与状态。进一步推动社会组织参与儿童友好城市建设，要构建良好的参与机制，充分发挥社会组织的优势和特长，引导有序参与。比如上海市在儿童友好社区建设过程中，深度嵌入市民生活，以满足儿童的多样性和个性化需求为导向，将友好行动弥散至家庭、社区、学校等场域，形成了社会参与从“自在”到“自为”的发展趋势，吸引了更多社会力量加入其中。

二、畅通社会组织参与渠道

增强政社合作，畅通渠道，秉承公开透明的原则共搭共建信息等资源共享平台。可定期不定期地征求社会组织、企业和居民代表的意见与建议，为其参与儿童友好城市建设提供更多的表达通道。通过组织研讨会、交流会等活动，就儿童友好城市建设的关键议题进行探讨交流、增加共识。比如上海市陆家嘴街道通过发起儿童友好社区专项基金、举办儿童友好论坛、培育“鑫金融社区儿童支持计划”等多种方式激发社会力量参与活力，为儿童友好社区建设提供了蓄水池。

专栏 7-2 把最宝贵的东西给予儿童
——中国宋庆龄基金会以公益服务助力儿童友好城市建设

中国宋庆龄基金会实施“青少年视力关爱行动”，截至 2022 年底，共筛查约 25.2 万人次，手术约 1 200 人次，康复训练近 2 000 人次，培训眼科医生近 3 000 人次，免费配镜约 1.1 万人次，投入资金近 4 600 万元。以宋庆龄故居为基地，实施“时代小先生”计划，面向 8 ~ 14 岁少年儿童开展公益培训、社会实践、志愿服务、国际交流等系列活动。此外，还联合相关单位共同举办“我和祖国一起成长”主题演出，打造“六一”儿童节品牌活动。共同发起“构建人类命运共同体，促进青少年参与可持续发展”创新示范项目，已惠及来自 60 多个国家、国内 20 个省份的近万名青少年儿童。

第八章　绘好社区“童心圆”：儿童友好城市建设的关键一环

社区是儿童成长环境的重要组成部分，是城市治理的基本单元。在社区层面践行儿童友好理念，不仅能发挥社区分布广泛、覆盖全面的优势，扩大儿童友好理念的传递范围，还能激发城市与社区的内生发展动力，推动形成以儿童友好为切入点的共建共治共享的社会治理格局。绘好社区“童心圆”，要持续优化儿童友好社区服务、打造儿童友好社区空间、营造儿童友好社区环境，加强儿童友好落地社区的全局性谋划和整体性推进。

第一节　优化儿童友好社区服务

社区是提供儿童服务的重要场所，要坚持儿童优先原则，在社区公共资源配置和公共服务供给中优先考虑儿童需求，以儿童保护和发展为重点完善社区儿童服务。

一、普惠共享满足儿童发展需求

为家庭提供育儿支持，营造儿童健康成长的良好社区生活环境，是社区在儿童友好城市建设中的重要功能。鼓励社区为家庭提供支持性服务，包括开展家庭教育的宣传和公益讲座，通过儿童服务中心或儿童之家提供科学养育指导、开设家庭课堂等。

此外，还可针对不同年龄段的儿童提供有针对性的社区服务。面向 3 岁以下儿童，开展家庭科学养育指导，促进儿童早期综合发展。面向 3 ~ 6 岁儿童，提供体格发育、行为习惯、语言发展、认知与学习、社会心理及情感发展等方面的综合支持，向其家长提供亲子教育等服务。面向 6 ~ 12 岁儿童，提供安全教育、体育运动、兴趣培养、社会心理及社会实践、艺术素养等课程服务。面向 12 ~ 18 岁儿童，围绕人生观树立、社会实践、生活技能、科学素质、生命教育等综合素养提升提供形式多样的社区服务。

专栏 8-1　威海市魏桥社区以儿童生活馆破解看护难题

威海市魏桥社区是一家企业型社区，辖区 80% 居民为魏桥集团职工及家属，18 岁以下人口占比达到 36.3%。社区居民大多为外来务工人员，八小时三班倒工作制下很多家长疲于工作，疏于对孩子的陪伴和教育，同时，辖区位置相对偏僻，周边配套设施不全，缺少适合儿童活动的区域。为破解儿童看护难题，满足职工需求，社区投入近 60 万元，高标准打造 178 平方米的“魏桥儿童生活馆”。立足“1 米高度”定制儿童洗手台、桌椅、书架等，围绕“彩色童年”，绘制橱窗、墙面、吉祥物，并设有多功能阅读区、书籍展示区、幼儿活动区等，满足辖区内不同年龄段儿童活动需求。同时，通过项目创投引入社会组织入驻社区，开展“四点半课堂”“周六公益课堂”“一起向‘魏’来”儿童成长项目等公益项目，丰富辖区儿童课余生活，助力儿童健康成长。

二、链接资源加强儿童关爱保护

儿童处于身心发育特殊阶段，容易受到伤害。在社区开展面向儿童的关爱保护服务，是为儿童健康成长保驾护航的重要举措。鼓励社区建立动态化管理的儿童档案，密切关注社区儿童可能存在的风险行为以及面临的潜在外部环境风险，并采取相关措施及时消减风险。当儿童所处社会系统，如学校、家庭等，未及时履行相关职责时，社区要针对儿童的实际需要，为其提供补充性服务，包括困境儿童的救助服务、残疾儿童的康复服务、行为偏差儿童的矫治服务、辍学儿童的就学援助服务，为社区内遇到突发或紧急事故而缺乏父母照顾的儿童提供即时短期的照料服务等。进一步提高儿童关爱保护主动性，及时发现所在辖区流浪乞讨、遭受非法侵害、暂时无人监护等情况的未成年人并实施关爱保护。

第二节　打造儿童友好社区空间

社区是儿童日常生活、娱乐休憩的重要空间，社区空间的安全性、多功能性对于儿童健康成长至关重要。儿童友好社区空间的营造需要适应不同年龄段儿童活动的需求与特点，保障儿童安全，丰富多样化功能场景。

一、优化室内活动空间

打造社区儿童友好空间，室内场地和设施设计要符合儿童友好理念。社区室内公共空间的规划和建设应符合儿童在不同发展阶段的生理和心理需求，遵循不同年龄段儿童特征配备相应尺寸的儿童桌椅、卫生间设施和游戏设施，提供家长休息区、母婴室等配套设施。空间创设要达到安全标准，室内儿童公共空间应符合现行相关法规和规范，材料使用应符合对儿童无害的质量要求标准，要对儿童使用的设施设备进行定期安全检查与评估，保证儿童室内活动安全。要确保公共空间紧急通道、消防通道畅通，空间内配备灭火器材、急救包并定期检查和维护。空间使用前后要定期开展环境检测，室内儿童公共空间应有直接采光和自然通风，室内环境指标应在国家相关标准明确要求的安全数值范围内。

二、拓展户外活动空间

宜在社区儿童友好户外空间创设中，建设可供儿童开展户外活动且安全性高的社区公园、绿道、广场等公共空间，为儿童健康发展提供便捷、安全、可靠的硬件设施环境。户外活动空间应布局合理，以安全、卫生为基本原则，针对不同年龄阶段儿童的活动需求，在社区儿童主要出行活动线路和节点附近，划分独立于片区的活动空间，并利用水、风、沙等自然元素作为基础，为儿童提供自由发挥和创造空间。同时，鼓励配备家长休息区、儿童卫生间、母婴室、安全监控等配套设施，充分考虑儿童身高、儿童安全、家长方便等细节因素，满足无障碍、儿童友好设计要求。

三、打造儿童友好步行路径

儿童友好步行路径是社区儿童友好空间改造的重要方面。儿童友好步行路径以满足儿童参与、儿童安全、儿童便捷等为原则，旨在方便儿童与家长在社区内的安全出行、安全休闲，具体可分为交通型路径和休闲型路径。交通型路径须明确独立路权，同时注意安全性、趣味性、易识别性。儿童友好步行道与非机动车道或机动车道相邻时，应采用隔离桩、绿化带、地面高差等方式进行清晰的路权划分。路面标识、过街叉口、交通设施应考虑儿童认知度和接受度，以图案为主，在清晰易懂的同时增添趣味性。休闲型路径与儿童游戏空间相连，设计时应充分考虑儿童游戏安全。路面应当平整、防滑、排水性良好，宜选用安全环保材料。休闲型路径应考虑遮阳、避雨等需要，合理布局灯光照明设施，保障夜间出行的安全，边缘区域宜与其他区域有明显的界限。

专栏 8-2　用心用情探索儿童友好城市建设特色方案

——中国儿童中心积极参与儿童友好空间建设

中国儿童中心积极参与儿童友好城市建设的相关政策与标准研究，与中国城市规划设计研究院、中国建筑设计研究院、同济大学等机构共同探索推进儿童友好城市建设的空间标准研制，参与编制《城市儿童友好空间建设导则（试行）》，开展了一系列“儿童友好”主题研究。

第三节　营造儿童友好社区环境

营造有利于儿童健康成长的社区环境体系，要从摸清社区儿童基础状况、强化儿童社会支持网络、营造社区友好文化氛围等方面入手，以儿童友好社区环境打造城市儿童友好底蕴。

一、搭建家校社联动的支持网络

要以社区为联结纽带，织密家庭、学校、社区之间的良性互动关系网，构建正向支持、紧密合作的儿童社会支持生态圈，推动社会政策友好、公共服务友好、成长空间友好和发展环境友好更好落地社区。分类建立儿童信息台账，动态掌握社区内儿童总体情况，定期摸排社区内儿童服务需求，有助于全方位、多样化、针对性地为社区儿童及其家庭提供服务保障。对孤儿、事实无人抚养儿童、残疾儿童、留守儿童、困境儿童等建立一人一档，并按照相应的福利政策将其纳入保障。对其他儿童及其家庭，为其提供普惠性、常态化友好服务。

二、推动形成儿童友好社区文化

文化认同有利于儿童友好理念的进一步传播和更深层次的践行，营造儿童友好社区氛围，不仅要传递儿童友好理念，还要重视社区文化的独特作用。要充分挖掘社区文化资源，打造社区文化品牌，以特色儿童文化体验丰富儿童社区文化活动。积极开展家庭家教家风建设，构建有温度的家庭教育社区文化生态圈。可充分利用社区内外文化资源，引导儿童在成长过程中更好树立文化自信，比如组织儿童参观国防教育基地、博物馆、科技馆，联合学校开展主题文化活动等。

专栏8-3 金源沃土植新绿　静待友好城花开

——河北雄安新区通过儿童植树节活动营造儿童友好社区环境

为优化儿童健康成长的社区环境，丰富儿童实践活动，河北雄安新区以植树节为契机，以社区为依托，开展儿童友好主题活动。容东片区双文社区志愿者、学校教师、家长志愿者与孩子们一起种植树苗，浇水护绿，给树苗挂上友好树牌，体验劳动的乐趣。雄东片区银帆社区儿童亲手铲土、播种、浇水，并在家长的帮助下在心愿卡片上认真写上自己的名字和心愿贴在花盆上。容西片区的孩子们通过图片、儿歌、视频等各种形式了解植树节的来历、植树的意义以及爱护小树苗的常识等，社区志愿者、社区居民等积极参与，为雄安的春天植一片新绿，为“未来之城”增添生态底色。

第九章　上好“人生第一课”：亿万家庭呵护儿童健康成长

家庭是社会的基本细胞，是儿童友好城市建设的重要力量，让每一个儿童健康快乐成长是家庭的重要责任。家庭既是儿童友好城市建设的受益者，也是儿童友好城市建设义不容辞的参与者、奉献者。要为儿童友好家庭环境建设提供支持，充分发挥亿万家庭在儿童友好城市建设中重要作用。

第一节　增强家庭参与的社会支持

儿童友好也是家庭友好，家庭参与儿童友好城市建设离不开政府的指导和社会的支持。要增强儿童友好城市建设中的家庭视角，建立健全家庭友好的社会政策，大力发展支持家庭的公共服务。

一、强化儿童友好城市建设的“家”视角

儿童友好城市建设不仅要有儿童友好视角，也要有家庭友好视角。一方面，儿童的健康安全和幸福快乐与家庭的幸福安心是密不可分的一体两面，儿童友好也意味着家庭友好。另一方面，儿童大部分活动都会有父母家人的陪伴，与父母家人“在一起”是儿童生活的常态，也是建立维系有利于儿童社会性发展的亲子依恋关系的必然要求。儿童友好城市建设应注重满足儿童与父母家人“在一

起”共同参与的需求，强化儿童友好城市建设的家庭视角。鼓励在城市公共场所打造家庭友好公共空间，比如在商场、博物馆等配置母婴休息室和家庭卫生间，在儿童运动游戏场所设置亲子活动区和家长休息观测区等。

二、完善家庭友好的社会政策

完善家庭友好的社会政策是儿童友好城市建设的必然要求。家庭友好的社会政策应当为家庭生育、养育、教育子女提供支持保障。《中共中央 国务院关于优化生育政策促进人口长期均衡发展的决定》提出，将婚嫁、生育、养育、教育一体考虑。要建立完善支持家庭生育、养育、教育的政策体系，全面落实产假制度和生育津贴政策，探索实施父母育儿假，通过税收优惠、住房支持等降低家庭生育养育负担，增加优质普惠托育服务供给，提高优生优育服务水平等。

三、发展支持家庭的公共服务

近年来，我国家庭结构日益核心化、小型化，双职工家庭日渐成为主流家庭模式，随着现代社会中家庭功能的弱化，家庭成员工作家庭平衡所面临的困难不断加剧。特别是在生育政策调整的背景下，高质量的家庭公共服务对于帮助家庭落实儿童养育的主体责任具有重要的积极影响。要发展支持家庭的公共服务，提高婴幼儿托育服务水平，增加普惠托育服务供给，提升托育服务质量。强化家庭科学育儿支持，帮助家长树立科学育儿理念，掌握科学育儿方法。强化对家庭落实监护责任的支持、监督和干预，根据需求为家庭提供指导和福利保障。加强家庭教育指导，建立家庭教育信息共享平台，开设家庭教育指导课程，为广大父母提供高质量的家庭教育指导服务。

专栏 9-1 宁波市奉化区以家庭友好推进儿童友好

宁波市奉化区将家庭友好作为建设儿童友好城市的重要途径，打造儿童友好家庭教育基地，实施儿童友好“益苗行动”，为家庭参与儿童友好城市建设营造良好环境。改造建成清廉家庭教育馆，展示奉化清廉家风家训、历史清廉故事、优秀传统文化，使之成为家风家训传承教育和亲子研学实践的综合性场馆。实施“爱苗行动”，推动实现家庭养育健康服务指导站点全覆盖，建立建强家庭养育健康指导员队伍，推进养育小组进社区，普及科学育儿理念知识，为 3 岁以下婴幼儿家庭提供规范化育儿指导服务。实施“育苗行动”，发展壮大家庭教育讲师团队伍，依托妇女儿童活动中心、村（社区）家长学校等公共服务阵地，常态化组织开展家庭教育讲座和家庭教育主题实践活动等。实施“护苗行动”，积极开展家庭关系调适、家庭教育指导等公益服务，切实加强儿童关爱保护。

第二节 拓展家庭参与的渠道途径

家庭既是社会环境的组成部分，又是儿童生存发展的首要环境。要营造儿童友好的家庭环境，支持儿童成为儿童友好城市建设的主动参与者，鼓励家长身体力行做儿童友好城市的建设者，提倡家庭间互助合作育儿，为儿童友好城市建设贡献“家力量”。

一、创造儿童友好的家庭环境

良好的家庭环境对于儿童身心健康成长与德智体美劳全面发展具有非常重要的影响。家庭是人生的第一课堂，家长是孩子的首任教师。确保儿童拥有良好的人生开端，离不开儿童友好的家庭环境。要给孩子讲好“人生第一课”，让每一个孩子都能在健康的家庭和合格的家长养育下成长。应将立德树人作为家庭养育的根本任务，尊重儿童主体地位，建设平等和谐的家庭关系和亲子关系，全面落实儿童养育主体责任。

二、支持鼓励儿童成为积极主动的参与者

儿童友好城市建设的目标是让儿童成长得更好。儿童既是未来城市的“主人”，也是对儿童问题最有发言权的“专家”。儿童参与可以增强儿童友好城市建设的儿童视角，确保儿童需求在城市建设中得到优先满足。家长要尊重儿童的主体性和参与权，充分认识儿童参与和体验的重要性。这有助于培养其对于公共事务参与的兴趣、信心、能力和成就感，并不断提升儿童的逻辑思维、公众表达、社会交往等多方面综合素养。让儿童成为儿童友好城市建设积极主动的参与者，要支持儿童关心城市与家园建设，帮助儿童了解和认识城市发展与儿童发展需求之间的关系，鼓励儿童勇敢地表达自己的意愿和想法，力所能及地参与儿童友好城市建设实践活动。

三、身体力行共建共享儿童友好家园

家庭是儿童友好城市的受益者，建设儿童友好城市理应是广

大家庭的共同责任。“共建”是“共享”的前提，“共享”是“共建”的目的，家长要身体力行共建共享儿童友好家园。儿童友好城市建设是一项包括硬件和软件建设在内的巨大工程，家长的参与可以大大增加为儿童服务的项目活动的人力，推动很多对儿童大有裨益的好事成为可能。比如家长自发组织起来轮流护送孩子们的“步行巴士”，为孩子们营造了良好、安全的上下学环境。再如家长作为管理员加入遍布社区楼栋的儿童图书角，为其长期稳定运行提供了保障。

四、互助合作为儿童友好城市贡献“家力量”

家长互助合作组织通常由孩子年龄相仿，有共同需求、共同兴趣的家长自发组织，主要开展自我管理、自我教育、自我服务活动，充分发挥了家长在家庭教育促进中的主体性优势。在儿童友好城市建设中，家长互助合作组织正在发挥着越来越多的作用。在一些儿童友好城市建设的先行地区，家长互助合作组织的参与不在少数。此外，随着网络社交媒介技术的发展，各类线上家长互助组织如雨后春笋快速发展起来，引导其更多关注和参与儿童友好事业，可为儿童友好城市建设贡献不可估量的“家力量”。

专栏 9-2 “母与女”社团为儿童友好城市建设贡献“家力量”

“母与女”社团是由长沙市、武汉市、深圳市、宁波市等地的女规划师们与其孩子自发成立的公益性家庭互助组织。该志愿者团队践行儿童友好理念，从城市规划与儿童心理学角度出发，探索以儿童权益为中心的规划路径，打造“小小规划师”平台，科普城市规划知识，参与“我的长沙我的家”儿童城市系列读本编制，创作《一米的爱意》儿童友好主题歌曲等，为儿童参与城市规划建设提供了专业支撑。

第十章 “小主人”有“大力量”：儿童友好城市中的儿童参与

儿童参与儿童友好城市建设是落实儿童优先原则的重要举措，也是儿童友好城市建设的重要内容。近年来，各地在建设儿童友好城市实践中，积极探索各具特色的儿童参与方法路径，彰显出儿童作为城市建设生力军的茁壮力量。建设儿童友好城市要进一步提升儿童参与的广度和深度，完善儿童参与融入城市社会生活的支持体系。

第一节 儿童参与推动城市高质量发展

通过儿童参与带动更多家庭参与儿童友好城市建设，有助于推动形成更加适宜儿童成长的城市环境。拓展儿童参与空间也有利于增强城市软实力和核心竞争力，推动城市高质量发展。

一、儿童参与彰显儿童友好的核心要义

儿童参与是儿童友好城市建设的重要方式之一，儿童围绕与其个人和集体生活有关的议题，在与环境和他人互动中，成为问题的发现者、解决者和行动者。通过积极发声，让人们更多听到儿童的心声和思考。通过用心聆听，城市管理者得以准确锚定儿童在城市生活中的真实需求。通过协商讨论，儿童和成人共同寻找破解城市

发展难题的解决方案，进而为制定政策提供决策参考。推动儿童全方位参与融入城市社会生活，是推进社会政策友好、公共服务友好、权利保障友好、成长空间友好、发展环境友好的重要方式路径，有利于推动形成儿童友好社会共识和全民自觉。

二、儿童参与筑梦儿童美好未来

对于儿童来说，参与家庭决策、社区治理或针对公共事务发表意见，绝非“走过场”，亦非“过家家”，需要具备细致观察、主动适应、积极参与等社会能力，还需要具有平等尊重、合理表达、倾听共情等沟通能力。从儿童发展角度看，主动参与能够有效促进儿童社会情感发展，并在塑造儿童的自我身份认同中发挥重要作用。在家庭生活中询问儿童的观点，能增加他们的自尊和自信，让儿童体验到自己观点得到尊重的成就感，使其逐渐养成主动沟通、积极作为的习惯。童年时期参与家庭生活的体验，将为儿童日后参与社区、学校事务做好心理和能力层面的准备。随着儿童年龄的增长，儿童参与范围和参与行为产生的影响也有所扩大。在不断的尝试和学习中，儿童的表达沟通、聆听共情、解决问题等能力进一步得到锻炼。这些参与经验还将有助于培养儿童对家庭、社区、学校、城市和国家的责任意识和担当精神，为今后成长为富有责任感的社会公民奠定基础。

三、儿童参与擦亮城市文明底色

在城市发展中印刻尊重儿童、保护儿童的理念，拓展有利于儿童参与的人文空间，将增添城市的软实力。比如开展儿童友好图书馆建设，通过少儿读者延伸服务等活动，为儿童养成良好阅读习惯，为儿童参与社区文化活动提供丰富渠道。再如在校外活动空间规划设计和服务供给中，通过与儿童交流对话、征询儿童建议、收集儿童体验反馈等方式，将校外活动空间打造成儿童参与生活劳动、志愿服务和社会实践的有效载体，进一步丰富城市的人文内涵和友好体验。

专栏10-1 童参与·童治理

——宁波市海曙区望春街道探索推进儿童参与城市治理

宁波市海曙区望春街道积极拓展儿童参与渠道，培养儿童投入城市建设参与感和责任感，让儿童在自家门口趣享童年。立足辖区实际情况，积极孵化“小小创客家”“河小二”“小小督导员”等儿童自组织，培育和引入儿童自我发展和参与社区自治的社会组织5家，在传播科普知识、宣传垃圾分类、促进河道治理中让儿童贡献城市“小主人”宝贵力量。

第二节　鼓励儿童积极参与城市社会生活

推动儿童全方位参与融入城市社会生活，要培养儿童参与意识，建构专业支持体系，建立健全儿童参与机制，在涉及儿童的重大事项和公共事务中纳入儿童参与视角。

一、培养儿童参与意识

儿童积极关注并参与到城市公共活动和公共事务中，有助于培养具有社会责任感的青少年，有利于发扬儿童城市“主人翁”精神。要从家庭开始，用“蹲下来、听进去、用爱教”的友好家庭教育模式，增强儿童广泛参与家庭事务、社会交往等公共活动的意识。父母可通过开展家庭会议等形式，将平等、尊重、倾听等亲子沟通方式贯穿于日常生活，以更包容的态度支持儿童参与家庭事务讨论。中国儿童中心开展的一项调查结果显示，我国儿童参与日常生活的程度有明显提升，95%的受访儿童在日常情境中独立作出决定或与家长商量后共同决定。

二、提升儿童参与能力

加强对儿童参与能力的培养，鼓励开发有关儿童表达沟通、参与决策、解决问题等内容的开放课程，提升儿童在城市社会生活中的参与能力和参与效果。提升成人协助者的专业水平，对家长、社区工作人员、社会工作者、少先队辅导员、志愿者等儿童参与活动的成人协助者，注重培养儿童发展和儿童参与等专业知识，以提升其沟通表达、安全陪伴等方面的能力。探索建立高效有序的成人协助体系，鼓励专家学者、媒体从业者、城市规划师、家庭教育指导师、教师、家长、志愿者、社会工作者等共同组建儿童参与成人支持体系，增强对儿童参与家庭、学校和社会事务的支持协助。

三、建立健全儿童参与机制

随着儿童友好城市建设的持续推进，儿童参与城市社会生活的意愿愈发强烈。建立健全儿童参与机制，有利于更好倾听儿童的声音。在家庭层面，引导父母通过及时有效的反馈，强化儿童主动参与、积极表达的观念和能力。在社区层面，鼓励组织儿童代表与政府相关部门、学校等开展对话活动，为儿童参与公共事务提供方向指引。在城市层面，推动儿童参与城市公共活动和公共事务，激发儿童亲手为城市建设和社会治理作出贡献的自豪感和获得感。

专栏10-2 “小孩说话也管用”：“阳光彩虹通学路”诞生记

在2021年举办的“小孩说话也管用”交通安全儿童提案征集活动中，北京市东城区东交民巷小学生提交了“阳光彩虹通学路”提案。该方案经学校师生对学校周边实地测量，即在3.5米宽的胡同内，划一条0.7米的通道容纳一名学生步行通过，剩余2.8米也不会影响其他车辆通行。目前，经学校与属地街道、社区和交管部门协调沟通，已将提案变成现实，一条真实的“彩虹线”成为学生安全上下学的“防护道”，既解决了学生上下学安全问题，又维护了道路通行秩序。

·实践案例篇·

北京市东城区：以儿童成长空间友好筑梦儿童美好未来

北京市东城区作为全国政治中心、文化中心、国际交往中心的核心承载区和历史文化名城保护的重点地区，具有得天独厚的文化、人才、服务等尖端资源集聚优势，儿童发展总体水平在全国处于领先地位。在儿童友好城市建设过程中，明确了以结合老城保护与更新、结合基层社会治理、结合特色阵地建设的“三结合”工作思路，构建“两轴一廊六片区、一街一品一网络”儿童友好城市建设的系统性格局，启动八大类适儿化改造项目，发布《东城区儿童友好地图》，打造了“夯基础、强组合、重建设、明特色、有示范”的儿童友好城市建设生动实践。

东城区儿童友好地图

一、结合儿童影响评价营建儿童友好出行环境

作为首都核心区，东城区充分发挥公共服务功能健全、社会治

理基础扎实等优势特点，统筹职能部门在政策协调、资金投入、重大项目实施等方面形成合力，完善城市功能布局，优化公共空间设计，为儿童参与和融入社会生活提供友好环境和服务。东城区以儿童需求为导向，在城市发展规划、项目决策中引入儿童影响评价，坚持系统谋划，加强教育、城管、交通、市政、街道和社区等职能部门联动，充分利用“街道吹哨、部门报到”等创新工作机制，借势区域环境整治提升工作。

一是大力开展街区慢行系统建设。“十三五”以来，东城区圆满完成了150公里慢行系统建设任务，打造王府井地区为全市首个不停车街区，历史文化街区内39条胡同实现无停车，为儿童和家庭出行提供更好的体验。二是最大限度净化校园周边环境秩序。整治17所学校、10家医院周边交通秩序，结合校园周边“三类场所”开展常态化防疫执法检查、占道经营整治、中高考保障、燃气安全保障、生活垃圾分类等多个专项工作，儿童出行空间安全性日益优化。三是建设儿童友好学径。探索建设安心通学路，通过学校周边停车治理、机动车管控、慢行交通提升、学生专用步行道划分等促进通学路整体交通环境的提升，保障儿童安心通学。

二、结合基层社会治理打造社区儿童友好活动空间

利用社区闲置空间营造儿童“微空间”。针对空间资源紧张、老旧平房区占比高等实际问题，东城区坚持汇集政府、社会专业力量，依托“小空间·大生活”“微空间·向阳而生”“建党百年·服务百姓·营造属于您的百个公共空间”等空间品质提升计划，发挥责任规划师团队专业优势，积极引导儿童参与社区空间营造，协调街道、社会资本和居民群众的关系，培养社区治理中

的儿童友好社会生态，让儿童成为首都高品质宜居城市建设的受益者和建设者，为老城区推动儿童友好社区建设探索可复制、可推广的模式样板。

增强社区儿童公共服务功能。作为“全国和谐社区建设示范城区”“全国首批城市一刻钟便民生活圈试点”，东城区在全市率先出台《北京市东城区儿童之家规范化建设指南及工具手册》，引入社会专业资源，支持186个社区儿童之家建设。联动市区资源，打造市级示范儿童之家“协作者童缘”，服务辖区困境儿童。成立少儿剧社“戏剧摇篮”、提供“快乐三点半”放学后托管服务，开展家庭教育、亲子阅读等各类活动万余场，受益人次近38万人次，切实增强儿童及家长的幸福感和获得感。

三、结合城市更新行动推进公园绿地适儿化改造

以《城市儿童友好空间建设导则（试行）》为指引，结合老旧小区改造、共生院建设、背街小巷整治等城市更新行动，东城区因地制宜开展公园绿地适儿化改造。针对儿童使用需求，东城区在园林绿化系统规划中融入儿童友好理念，以“尊重现状、聚焦百姓、传承文化、完善生态”为原则，从区域整合、功能重组、空间优化、文化融入、植物配置等方面进行绿地服务品质的全面提升。

一是为儿童提供安全且有包容性的绿色空间。聚焦儿童需求和特点，先后对龙潭三湖智慧园林、地坛园外园、亮马河公园等4处绿地进行了适儿化改造，形成绿荫覆盖、尺度宜人、安全有序的室外公共绿色空间。二是为少年儿童讲好公园里的自然课。充分发挥天坛公园、柳荫公园等4个“首都生态文明宣传教育基地”

和北京明城墙遗址公园、龙潭公园等4个“爱国主义教育基地”作用，在9个区属公园开展“乐享自然快乐成长”系列的互动体验活动，6年来举办活动600余场，参与人次超过4万，在建设儿童友好公园方面具备天然的红色基因和面向广泛受众的科普基础。三是拓展公园儿童游乐空间。建设多层级配置、设施完善的儿童公园体系，利用自然条件设置游戏沙坑、滑梯、攀爬网、涂鸦板等游戏设施，打造功能复合的童趣乐园，让儿童成为儿童友好城市建设的受益者。

专栏 东城区龙潭中湖公园以丰富多彩活动打造儿童游乐好去处

龙潭中湖公园儿童皮划艇活动

龙潭中湖公园是首批东城区儿童友好公园试点之一，其前身为北京游乐园，承载着无数北京人的童年记忆。龙潭中湖公园以“倡导健康生活方式，传递品质生活理念”为运营思路，围绕“新龙潭·潮运动”主题，开展亲自然、富活力的亲子家庭体验内容，还将陆续开放“中湖超级星”运动生活馆、中湖艺术馆、“穿越1987”儿童乐园等品牌体验空间，开展丰富多彩的品牌活动，同时加强与周边学校、北京市少年宫等儿童服务工作机构合作，打造东城区乃至北京市的儿童游乐、城市休闲好去处。

四、结合特色阵地建设拓展儿童友好人文参与空间

东城区坚持凝聚共识，强化顶层设计，整合各方资源，将儿童和家庭需求嵌入既有服务体系，夯实儿童友好阵地建设，建立东城区家庭亲子阅读体验基地，赋能社区儿童之家，试点家庭成长中心建设，打造儿童友好、全龄友好、家庭友好公共服务体验。坚持儿童优先原则，落实立德树人根本任务，以全区社区儿童之家、家长学校、公共文化空间等阵地为依托，发挥社会资源优势作用，探索创建儿童友好人文参与新模式。

一是打造儿童友好阅读基地。建立“美书馆”家庭亲子阅读体验基地，结合文化东城和书香东城建设，举办“家庭领读人”“家风故事会”“亲子阅读”等家庭文化活动，打造家庭教育公共文化服务品牌，形成家校社协同育人的良好氛围。发挥妇联组织职能优势和王府井书店作为公共文化空间的宣传思想文化主阵地优势作用，以“王府井儿童之家·童阅学堂”和亲子阅读体验基地为标杆打造示范性儿童友好阅读基地。二是开展主题教育和实践活动。结合冬奥年和推动儿童友好城市建设等契机，开展“儿童友好冬奥童行”寒假主题教育、实践活动、家教指导等近30场，惠及儿童近千人次，拓展多元丰富的儿童成长友好空间和友好环境。三是打造儿童美育教育基地。成立“美后肆时家庭成长中心”，采取社会化运营、场景式体验、智慧化运维，为东城儿童提供在文化中滋养、浸润、成长的空间。针对培育家庭美学，开展七大主题系列、107场“美学院”家长品牌文化直播。四是整合专业力量丰富家庭服务供给。与100多家文化机构和200多位文化讲师建立了合作关系，提供分时段、定制化家庭文化体验内容，

每年组织开展清廉家风、家庭互助、志愿家庭、绿色低碳等家庭亲子活动千余场。

“王府井儿童之家·童阅学堂”香牌手作传统文化活动

作为首都功能核心区，东城区以“更高标准、更高质量、更高自觉”推进儿童友好城市建设，紧扣大国首都首善之区的战略使命，坚持儿童优先发展，普及儿童友好理念，调动社会各界参与热情，最大限度凝聚思想共识。以“1 米高度”儿童视角构建儿童友好城市规划体系，拓展儿童友好成长空间，优化儿童友好发展环境。制定时间表路线图，以儿童需求为出发点，统筹推进儿童友好城市建设，结合自身优势与特色，打造儿童友好的“东城模式”和“首都样板”。

下一步，东城区将进一步整合资源优势，按照“三结合”创建模式，探索建立儿童友好共创联盟，结合东城区儿童友好地图，设计研发儿童友好主题活动，发挥成员单位联动作用，搭建社会组织、政协妇联界别委员工作室等各界参与平台，整合资源、高效聚力。通过示范引领、试点推动、点面结合等形式，分阶段分领域打造一批儿童友好学校、医院、社区、公园、街区等，让儿童友好可视可感，以儿童友好城市建设推动首都核心区高质量发展。

保定市：在城市更新中推进儿童友好城市建设

坚持儿童优先，在城市“新颜值”提升中融入儿童视角，是保定市在打造京津冀世界级城市群中的现代化品质生活之城的崭新探索。2021 年 7 月，保定市在河北省率先提出建设儿童友好城市，将儿童友好城市建设作为现代化品质生活之城建设的重要抓手，围绕绽放“新颜值”、跑出“加速度”，聚焦老旧小区改造、环城水系、四级公园体系、西大街更新改造，积极融入儿童友好元素，稳步推进适儿化改造，深入开展建设工作。

一、突出高点定位，注重统筹联动，高品质加速度绘就儿童友好蓝图

一是顶层设计高站位。成立了由保定市委、市政府主要领导任双组长，61 个成员单位组成的高规格领导小组，形成了“21 + 6 + N”（21 个牵头部门 + 6 个主城区 + 其他成员单位）的组织模式。通过定期研究、调度、督导，推动儿童友好城市建设工作有序开展。22 个县（市、区）均成立了领导小组，党政主要领导任双组长，将儿童友好融入经济社会发展大局。将儿童友好城市建设纳入全市“十四五”规划纲要，制定《保定市儿童友好城市建设方案（2021—2035 年）》《保定市关于推进儿童友好城市建设的落实方案（2021—2025 年）》，并将其列入市委重点工作和市政府民生实事。

全市 22 个县（市、区）全部制定儿童友好城市建设落实方案，细化举措，稳步实施。

二是政策支持高标准。在国土空间总体规划、详细规划和各类专项规划中全面融入儿童友好理念，积极探索具有保定特色的儿童友好城市建设思路和实施路径，为儿童友好城市建设提供强力的科学引领和规划保障。市妇联被列入城乡规划委员会成员单位，推动儿童友好城市建设实施融入全市城乡建设决策。以“1 米高度”视角制定出台各类儿童友好空间与设施规划“硬标准”，市自然资源和规划局出台《保定市儿童友好公共空间规划指引》，市生态环境局制定《关于编制儿童活动空间生态环境风险识别和评估报告的工作方案》。

三是将儿童友好城市建设列入重大工程决策部署。在城中村改造、棚户区改造安置区项目建设中，充分将儿童友好元素纳入规划和设计环节，从游玩运动、图书阅读、展示互动、自然科普、社会实践、友好通行 6 类适儿功能空间中至少选取 1 项在小区公共空间和配建的幼儿园中进行配套建设，有效缓解城市儿童活动空间不足问题。

二、突出儿童需求，强化科学引领，城市规划编制融入儿童友好理念

聚焦儿童成长空间友好，编制《保定市儿童友好公共空间规划指引》。引入“1 米高度看保定”儿童视角，通过多次组织现场调研，着力发现城市建设中对儿童“不友好”的各类现象。为充分了解保定儿童活动特征和对各类公共空间的真实喜好，精准指导各类公共空间“适儿化”建设，2022 年 4 月通过“保定发布”“直隶女性”“保定市自然资源和规划局”等多个微信公众号平台，面向全市

儿童和家长开展儿童友好公共空间问卷调查，得到全市市民广泛关注和踊跃参与，阅读量高达16万次、问卷回收近8万份。市自然资源和规划局探索性编制了《保定市儿童友好公共空间规划设计手册》，为各类适儿公共功能空间具体方案设计提供了丰富的选择样例和优质的设计素材。

北京儿童医院保定分院增设的儿童益智活动区

结合公园建设工作实际，编制《保定市儿童友好公园建设指引》。在公园设计阶段，充分发掘不同地段的不同历史文化元素，征询居民和儿童的意见和建议，充分尊重群众意愿，满足居民和儿童多样化需求。创新举办以“公园城市·颜值保定”为主题的口袋公园方案设计征集活动，延伸了口袋公园设计思路，同时增加处理不同地块时的设计弹性，为口袋公园建设提供新思维、注入新能量。

三、突出精准施策，共促共建共享，成系列成链条打造儿童友好场景

一是紧密结合城中村与老旧小区改造，统筹融入儿童友好元

素。在全市 69 个城中村改造、509 个老旧小区改造中打造儿童活动“微空间”。从设施布局、植物配置、地面铺装、监控照明、标识系统以及彰显保定特色等多方面进行适儿化布置，设施选材安全、环保、耐用、卫生、易于维护。增加儿童游乐设备和体育运动设施，打造不同儿童年龄段的适龄游乐空间。建设一批“儿童友好通学路示范项目”和慢行路、友好街区，让儿童快乐出行。尊重儿童的身心特点，大到现代化互动设备，小到儿童洗手池，从细微之处践行儿童友好。

朝阳大街儿童友好步道

二是紧密结合历史文化街区改造，推进适儿化改造。依托“直隶第一街”，在西大街打造保定儿童友好文化传承示范街区，倾力呈现体现现代气息的、有思念、有味道、有故事的中华优秀传统文化传承体验友好街区。在西大街项目改造中，设置连续畅通的步行空间，街巷及广场出入口采用零高差设计，增设安全指示灯，布置满足防滑要求的人行道及台阶，打造安全的道路环境和顺畅的出行体验。增加林荫空间、景观小品等，营造有趣环境与舒适的休憩体验。此外，通过开展高质量、多形式的文化实践活动，展示保定的历史文化、商业文化、红色文化，在寓教于乐中，提升孩子们的文化自信。

三是紧密结合口袋公园建设，打造儿童身边的乐园。口袋公园具有面积小、选址灵活、成本经济等特点，保定市充分发挥主观能动性，利用学校或居住区周边地块，因地制宜打造儿童身边的口袋公园。注重适儿化建设，从儿童的特点和需求出发，合理设置跑跳、挖沙、轮滑、主题手绘景墙等儿童活动区，打造适合不同年龄阶段儿童游玩的公园环境。如考虑到周边环境与活动人群，在口袋公园中特意绘制《小蝌蚪找妈妈》《毛毛虫变蝴蝶》等主题景墙。在口袋公园建设中融入图书馆等教育元素，推动儿童公共服务设施和标识标牌系统建设，实现儿童“推窗见绿、出门入园”的美好愿景。

四是紧密结合环城水系建设，将儿童友好元素融入滨水空间，突出“童心、童趣、童育”。结合公园环城水系功能分区、自然特性，围绕“1 米高度看城市”的理念，从人文、生态、自然、当地传统文化等角度出发，将寓教于乐的教育理念融入儿童友好空间建设。在以全民运动为主题的马拉松公园中，打造龟兔赛跑寓言故事主题乐园，让儿童在玩耍中体验寓言故事的教育意义。在弘扬传统文化的戏曲主题公园中，建设以保定戏曲元素为主题的戏曲乐园，让儿童体验和传承保定文化底蕴。在以水系生态为主题的云朵乐园、以动物为主题的松鼠公园、以昆虫为主题的南堤带状公园和以地表植被为主题的山地花海公园中，设置生态水系循环系统、动物知识、中草药文化等相关科学知识宣讲展板，让儿童在游玩中增长知识。

环城水系云朵乐园

四、突出常态长效，全域一体推进，深层次可持续拓展儿童友好实践

一是对标建设方案，建立项目清单和任务台账。实行周报告制度，坚持问题导向，强化协调配合，高质高效推进大激店儿童友好街区、莲池区裕华路儿童友好街区、儿童友好通学路等项目建设。印发《关于科学谋划配套市政基础设施 推进儿童友好城市建设的通知》，下力抓好公共空间适儿化提升改造，全力推行城市道路慢行友好系统，大力开展儿童友好街区建设，用力做好儿童友好公园建设。

二是全域一体推进，将儿童友好实践由 6 个主城区拓展到各县市。开设动态专题，展示各地特色亮点和工作动态，高新区高标准建设儿童友好广场，莲池区在古城改造中融入儿童友好元素，竞秀区弘扬冠军精神，高阳县加强儿童公园建设，曲阳县儿童友好图书馆揭牌使用，望都县挖掘尧母文化内涵，安国市立足中医药特色开展建设工作，在全市、全域、全员掀起儿童友好城市建设新高潮。

三是注重融合推进，广泛开展主题实践活动。连续两年在世界儿童日开展点亮活动，开展“儿童友好·赋能文化保定”主题系列活动，利用历史街区建设传统文化教育基地，开展“月满西街·情满古城”历史文化传承市集活动。为儿童友好文化传承示范街区授牌，结合非遗传承，揭幕儿童友好剪纸版 LOGO。举办首届儿童友好运动会，率先在乡村治理中贯彻儿童优先理念，并作为微改革事项纳入市级改革试点。邀请奥运冠军为儿童友好城市助力、代言，马兰花儿童声合唱团代言并演唱保定市儿童友好城市主题歌《在爱的守护下长大》在央视频推出。

青幼首届儿童友好运动会

下一步，保定市将在工作中进一步聚焦“新颜值”、聚焦高质量、聚焦高品质，统筹融合推进，全域协调联动，打造儿童友好保定场景。融合各县（市、区）区域文化，因地制宜推进项目建设，结合一县一品，聚力推进一县一场景，继续把儿童友好理念赋能到县城建设、品质生活各个方面，全力营造高品质、有韧性的城市环境，努力把保定建设成为京津冀最具特色的儿童友好城市。

杭州市：擦亮共富幸福底色
绘就儿童友好新图景

杭州市作为国家首批历史文化名城和浙江省经济、文化、科教中心，秉承“干在实处、走在前列”的精神，坚持“为儿童创建、请儿童参与、让儿童受益”原则，以儿童友好城市建设为突破口，协同推进共同富裕战略和乡村振兴战略，在儿童友好模式创新、儿童友好空间重塑和儿童生活品质提升中实现互融互促、共富共美。

11.20“世界儿童日”杭州主题活动

一、以机制创新牵引新突破，彰显儿童友好“杭州味”

一是勾画儿童友好“作战图”。杭州市儿童友好城市建设坚持城乡统一规划、统一推进，先后出台建设工作方案、三年行动计划，发布《2022 年杭州儿童友好 10 条》，推动市人大出台全国首部针对儿童友好城市建设的重大事项决定。逐步构建“1 个实施方案 + 1 个行动计划 + 1 个重大事项决定 + 10 个专项行动”的顶层设计体系，为探索城乡融合的儿童友好体制机制提供坚实保障。围绕政策友好、服务友好、权利友好、空间友好和环境友好五大领域，推出 87 项具体举措，并将相关工作纳入全市高质量发展建设共同富裕示范区城市范例大框架和“一老一小”整体解决方案。

二是建强全域协同“指挥部”。高效优化组织架构，市和 13 个县（市、区）均成立建设工作领导小组，组建工作专班，确定五大领域协调专员，组织开展专题培训，落实每月例会制度。城市和农村协同联动，精准发力，统筹好市本级和县域儿童友好城市建设工作。充分利用数字化技术，构建统一门户协同、统一工作体系和统一数据管理的儿童友好数字化应用场景。

三是谋划重点领域“任务书”。制定重点领域建设指引，规范和引导儿童友好社区、儿童友好学校、儿童友好医院、儿童友好公园和儿童友好实践基地建设。制定并发布《杭州市儿童友好乡村建设规范》团体标准，推出儿童友好商圈“礼遇十条”，谋划儿童友好图书馆建设规范，让更多儿童友好基本单元建设有章可循、有规可依。率先在《杭州市国土空间总体规划（2021—2035 年）》中明确儿童友好城市建设关键内容，修订《杭州市国土空间规划公共服务设施基本配套规定》，明确婴幼儿照护设施、中小学（幼儿园）

基础教育设施等儿童友好相关设施的规划建设要求，指导专项规划和详细规划编制。

二、以场景打造拓展新路径，彰显儿童友好“幸福味”

一是统筹推进儿童友好生活场景。2022 年杭州市试点建设儿童友好社区 33 个、儿童友好学校 37 个、儿童友好医院 6 个、儿童友好公园 71 个和儿童友好实践基地 50 个，打造一批可视、可感的儿童友好基本单元。在未来社区建设和老旧小区改造等重大民生工程中，把满足“一小”需求作为工作重点，实现托幼基础设施、教育服务配套精准落地，全市共建成社区婴幼儿成长驿站 407 家、托位 4.5 万个。打造“无忧通学路”，以小区和小学为端点开辟路径，通过家、校、社三方现场志愿保障和物联技术线上保障，实现自动预警、多方智联、通学无忧。试点建设儿童友好商圈、儿童友好街区，以儿童友好为小切口，微改造、优服务，推动商圈和街区经济发展。

滨江区缤纷未来社区全国首条“无忧通学路”

二是共建共享儿童友好体验场景。注重理念传播和价值宣传，在杭州市儿童友好城市主题曲《带着友好出发》创作中邀请儿童参与和演绎，面向社会征集儿童友好城市 LOGO 并推广使用。“六一”儿童节期间，开通儿童友好创意地铁专列。“世界儿童日”期间，儿童友好的蓝色之光点亮大小莲花、钱江两岸标志性建筑、新安江彩虹桥和千岛湖广场，城区 200 余块户外大屏和县域主要户外大屏滚动播放儿童友好宣传标语和宣传片。将儿童友好元素全面融入第十八届中国国际动漫节主会场，组织儿童友好方阵参与动漫彩车巡游，不断丰富儿童友好体验场景。发布串联城市和农村的儿童友好体验线路 13 条，让儿童友好实践基地成为城乡儿童成长的“第二课堂”。

三是协同开发儿童友好应用场景。搭建杭州市育婴数字化社会治理平台，构建“入学早知道”“托育一件事”“安心培训”等数字化场景，推动儿童友好数字集成赋能。打造“疑残防治”应用场景，开发“筛前征询”“一键转介”等功能，有效破解儿童残疾早期发现预防难问题。建设“青少年成长守护”平台系统，以驾驶舱、治理舱、服务舱为核心，集成数据接收、态势感知、反馈治理、举报求助、信息活动等功能，构筑儿童网络安全屏障。

四是精心谋划儿童友好参与场景。坚持“1 米高度看城市”，成立儿童宣讲团，培育学校、社区、村和特殊领域多元融合的儿童参与组织 161 个。探索建立参与顾问等儿童参与机制，组织小记者、小观察员参与儿童友好商圈沉浸式体验之旅和“1 米高度看医院”等活动。萧山区横一村“小主人观察团”将儿童原本的无序观察和“童言童语”转化为儿童视角下的乡村建设优缺点意见合集，顺利完成了“让乡村温馨提示更好玩”等9项议题。澎致小学与所在社区联动成立浙江首个儿童参与组织，就丰富社区绿化色彩、增设内部道路红绿灯等议题陆续开展多次儿童听证会。

萧山区横一村儿童书房

三、以乡村建设打开新局面，彰显儿童友好“共富味”

一是友好服务助推“精神共富”。探索创建富有杭州特色的儿童友好乡村，既完善儿童活动中心、篮球场、儿童书房、儿童斑马线等“硬”设施，又提升乡村劳动教育、乡村节日主题活动等“软”服务。通过打造儿童之家、妇女儿童综合驿站等综合设施扩大普惠性儿童服务供给。加强乡村“复兴少年宫”建设与管理，围绕“有效覆盖、精准服务、资源共享、快乐参与”总体思路，为乡村儿童提供品德养成、学习益智、快乐成长的良好环境条件，丰富乡村儿童素质教育场景。

余杭区青山村青山学堂

二是研学产业助推“物质共富”。杭州在儿童友好乡村和儿童友好乡镇建设过程中，不断深挖乡村地方特色资源，将新劳动教育、研学教育、自然教育与红色文化、非遗文化、生态旅游、绿色休闲、科普教育等元素有机融合，探索“营地＋”“研学＋”的发展新模式，走出一条集学习、体验、劳动、观光于一体的儿童研学产业。乡村研学不仅有本地孩子持续参与，还吸引了大量城市家庭前来打卡，在促进研学产业化发展的同时，更架起“乡村振兴”桥梁，带动乡村经济增长。杭州首个儿童友好乡镇富阳洞桥镇已有 60

多家农业基地和市场主体与儿童研学营地建立长期合作模式，年均接待学生约 25 万人次，帮助增收 1 200 余万元。

儿童友好实践基地——建德市杨村桥草莓产业示范园

杭州在开展儿童友好城市建设过程中，既关心城市儿童的生存和发展，也注重加强农村儿童共享城市发展成果。经过一年多的实践，主要取得以下经验。第一，顶层设计是高质量建设的前提。出台全国首部地方人大关于加强儿童友好城市建设的决定，率先发布儿童友好乡村建设标准，在建设方案、行动计划、建设指引和专项行动等方面形成一套完备的顶层设计体系，丰富儿童友好城市建设范式。第二，统筹推进是取得突破性进展的关键。将儿童友好与全市齐心打造共同富裕示范区城市范例深度融合，与推进未来社区、未来乡村建设和落实“一老一小”整体解决方案等工作通盘考虑、一体推进。第三，全域协同是取得标志性成果的保障。注重协调配合，从部门“独唱”转变为全市“大合唱”，各乡镇、农村因地制宜、抓好试点建设，鼓励社会力量参与，形成强大工作合力。未来，杭州市将继续坚持城乡全域推进、试点先行原则，在理念创新、制度创新和实践创新中不断丰富儿童友好城市建设范式，努力为全国儿童友好城市建设贡献“杭州方案”、打造“杭州样本”。

温州市：童音童言话友好
先行先试探新路

温州市持续推动加强儿童参与城市建设的主人翁意识，尊重儿童主体地位，在建设儿童友好城市伊始，就将“儿童多元参与”作为主要原则纳入《中共温州市委办公室 温州市人民政府办公室关于建设儿童友好城市的实施意见》指导思想，将“推动儿童参与城市社会生活”作为25项具体工作任务之一落地践行。2021年11月，温州市成立首个儿童观察团，并通过试点建设以点带面、以线连片方式，在全市首批九大类儿童友好试点单元铺开组建，为儿童架设为温州建设儿童友好城市的政策制定、综合治理、社会事务等建言献策、表达诉求的彩虹桥梁。

一、俯下身来，编织儿童最温暖的摇篮

从“试点先行”到“遍地开花”，搭建儿童参与友好通道。温州市妇女儿童活动中心面向全市不同年龄层次、不同地域少年儿童，试点招募首批儿童观察团成员，邀请政协委员、行业先锋组成专家顾问团，聘请积极参与社会公共事务志愿者、热心人士组成随团引导员，为小观察员们提供全方位的专业指导。首届儿童观察团采取轮值团长形式开展日常工作，每月由轮值团长确定参与社会调研主题，制定具体调研方案，分配采访、汇总、提炼、编写任务，深入城市各区域，亲身体验社区建设、民营经济、公共空间、社会

服务等方面的建设情况，观察思考并为温州儿童友好城市建设建言献策。与此同时，各县（市、区）参照市级模式，在全市首批九大类 190 个试点单元先行试点，组建各级各领域儿童观察团，让每一个儿童都有参与城市建设的友好通道。据不完全统计，自 2021 年以来，温州市成立各级儿童观察团 259 个，组织各类参与体验式活动 430 场，参与人次达到 11 000 人次。

温州市儿童观察团授旗仪式

从“简单复制”到“特色创建”，因地制宜开展特色观察团创建。文成县深挖侨乡基因，构建集儿童教育培训、儿童服务等功能于一体的侨乡特色示范妇女儿童综合服务驿站。成立三级儿童观察团，精心搭建儿童参与社会治理的活动平台，吸收侨乡留守儿童、归国华侨子女积极参与社会事务，表达他们的观点。在侨乡的妇女儿童驿站里增加了“海内外亲子云视频”，丰富了“侨守孩”的生活，也让他们感受家的温暖，缓解隔代教育之难。同时，在侨家乐旅游驿站、民宿酒店和生态农庄中设立“儿童美好生活实践基地”，对吃住行游娱购进行适儿化改造。在民宿中，孩子可以沉浸式参与二十四节气非遗项目及扎染、陶艺制作等民俗体验活动，同时也开设了布丁、披萨、西式糕点、意面制作、手磨咖啡等西方特色美食品鉴制作课堂，让孩子们在动手中体会侨乡的包容和开放。

从“统一要求”到“分类指导”，促进儿童参与方式多样化。出台《温州市儿童友好参与工作指引》，明确儿童参与工作原则、具体内容和实施方式。针对不同试点单元的儿童观察团，探索实施“规定动作”不走样，“自选动作”不重样的分类指导方式。如温州高铁新城实验学校创新探索的“校长下午茶”活动，学生们与校长开启一场“零距离约会”对话模式。同时，学校还推出主题实践月、“银杏讲坛”、中西文化月、文明礼仪月、“杏娃”读书月、劳动教育月、艺术审美月等主题活动，让学生的每一个时刻都能享受学习的收获与成长的乐趣，让更多的学生成为创设学校特色活动的参与者、决策者，进一步培养主人翁责任感与自治意识。

二、牵起小手，感受儿童最纯真的力量

一是“火眼金睛”洞察儿童友好。坚持多角度培养，提高儿童观察社会的兴趣。以社区小主人的视角来观察文明友好氛围的营造，以生活终末端的视角来提升社会责任感，以特色化研学的路径来提升综合素养等。为此，儿童观察团成员走进老旧小区体验适儿化改造，走进企业车间观察产品建造，走进田间地头关心粮食生长等。例如，温州市首届儿童观察团深入环保公司，实地观察生活垃圾被入库、起吊、推入锅炉、焚烧等处理的全过程，在与工作人员

一对一提问交流中，真实感受垃圾分类的重要性紧迫性，从绿色低碳的视角深入观察社会。

二是“脑洞大开”畅想儿童友好。坚持全方位锻炼，提升儿童建言献策的能力。巧借观察团引导员、全国人大代表等指导儿童如何观察思考、如何形成建议、如何监督落实等提升理论知识水平，通过调研收集需求、畅通参政议政渠道等提高实践操作能力。为此，儿童观察团参与征集社区微实事项目、参与童趣文化主题设计，从儿童视角提出“儿童座椅”“助学贷款”等意见建议，实地走访建设项目探讨感受、发表见解等。温州首条彩色斑马线，就缘于南浦小学学生的一份提议。

儿童友好学径示例

三是“小小主人”共建儿童友好。坚持零距离体验，丰富儿童社会实践的活动。依托社会实践基地、文明实践中心等各类阵地参与社会实践活动，深入各行各业的一线岗位感受沉浸式体验。为此，儿童观察团深入政府部门实地当起交通劝导员、文明监督员、反诈宣传员，深入研学基地探索星辰大海并体会科创的乐趣，深入友好场馆和特色阵地体验非遗传承，感受红色根脉等。

专栏 儿童慈善夜市助力“星星的孩子”融入社会

温州大自然社区儿童观察团，为助力“星星的孩子”尝试性就业，帮助孤独症人群真正融入社会，借着“集市经济”的东风，打造“梦想之窗”儿童慈善夜市。活动由社区儿童观察团全程统筹、销售、采购，联合专门为孤独症人士提供就业的“壹星酿”烘焙坊，现场以优惠价格出售蛋糕、面包、自制咖啡等食品，所得利润全数捐赠给鹿城区孤独症儿童公益机构，引来社会各界广泛反响。通过发挥儿童观察团的力量，真正做

“梦想之窗”儿童慈善夜市现场

到了号召起更多力量，关注孤独症儿童的康复事业，让特殊群体感受到城市的温暖。

三、敞开胸怀，拥抱儿童最美好的互动

一是在社会活动中充分保障儿童参与。积极推动儿童参与公共事务管理，在儿童友好城市建设的全过程各方面，都充分给予儿童表达意见、出谋划策和亲身参与的机会。特别是在空间适儿化改造的设计和方案制定过程中，广泛征集儿童创意。如在儿童交通出行安全空间建设过程中积极融入儿童的创意与智慧。2022 年 3 月，开展“彩色斑马线我来画”活动，采取线上、线下相结合的方式面向全市征集儿童创意绘画作品，将设计权、决定权等都交给儿童，儿童不仅可以亲自参与城市斑马线的设计，还要在参赛的创意绘画作品中，点赞选出 20 幅入围作品。目前温州已施划爱心斑马线 788 条，分布在城市的大街小巷。

二是在学校活动中充分吸收儿童意见。学校是儿童成长的主要阵地，温州市积极引导每一个“小主人”以儿童视角参与校园管理，以自身身心健康成长需求为导向，为校园建言献策，真正做到“我的校园我作主”。如温州市机关第二幼儿园积极践行“听见儿童的声音，基于儿童的需求，从儿童视角出发”理念，老师们发现小朋友经常自发地在玩摆摊游戏，为了让小朋友感受真实的生活，体验生活中的烟火气，2022 年 11 月，老师们将集市开进幼儿园，办了一场属于儿童的“嬷嬷市集”。老师和小朋友们一起在活动策划会上讨论并形成活动方案，每个班级都拿出本班的摊位内容，小朋友们用自己的智慧和劳动设计摊位、装点帐篷，创造属于他们自己的美好，在“嬷嬷市集”中感受像大人般当家作主的乐趣，享受这

一场无比快乐的市集。

“嬉嬉市集”现场

三是在重大活动中充分展示儿童风采。在儿童友好城市建设过程中，温州市注重以“活动”促“活力”引“活水”，积极开展主题化、常态化、全域化宣传，并在过程中充分给予儿童展示智慧和风采的机会。例如，2022 年 7 月，温州市承办了由浙江省妇儿工委办等主办的 2022 儿童友好城市展示交流活动，在全程引导各年龄段儿童广泛参与征求意见的基础上，展示活动先后发布儿童友好城市 LOGO、主题曲和 IP 形象，设置 10 余场活动 52 个项目，孩子们通过明眸皓齿屋、“灭火侠”来啦、航空游乐园等可看、可听、可触、可感的多样化项目，感受教育、卫生、安全等方面的友好体验。2022 年 11 月，在世界青年科学家峰会“我和妈妈学科学 儿童友好向未来”分会场活动，让儿童担任小讲解员，安排科学家妈妈和儿童一起参观实践，温州儿童观察团成员还展示了项目化学习成果——《发现瓯柑之味》，通过科学分享、科普展示和考察交流的互动方式，为孩子们种下科学的种子。

温州市通过大力推进儿童参与，让更多儿童的心声被倾听、被尊重、被接纳、被融入城市发展战略中。一是理念为先，积极营造全社会关心支持儿童参与的友好氛围。强化各类儿童参与主题宣传，充分整合全媒体宣传力量，依托报纸、广播、电视、两微等平台，对儿童参与儿童友好城市建设工作内容进行系统、全方位宣传报道。加强社会面宣传，依托宣传橱窗、道旗、灯箱、展板、建筑工地围栏载体等进行公益广告、宣传片推广，持续性宣传倡导，讲好“儿童参与”好故事。二是试点为基，加快绘制儿童参与社会活动的友好地图。围绕儿童友好单元“先试点、再扩面、全覆盖、成示范”的工作思路，市级平台顶层设计，带动纵向以 62 个乡镇（街道）、街区、村社为主体，横向由学校、医院、场馆、商圈、企业等 128 个儿童友好单元为支撑，将“儿童参与”工作要求同部署、同推进、同落地。三是实践为纲，扎实推动儿童参与社会事务的素养提升。在实践中，儿童参与社会服务、社会交往和社会事务的认知能力和行动能力能得到锻炼，责任担当和实践创新的品质得到提升。

福州市：体系化打造儿童友好公园助力儿童友好城市建设

城市公共空间是儿童友好城市建设的重要载体，城市公园是城市开放空间的有机组成部分，不仅发挥着重要的生态作用，更能让儿童直接地接触自然、了解自然，感悟生命与成长，培养儿童综合能力、促进儿童健康成长。福州市山清水秀、生态环境良好，在实施城市公园品质提升时注重融入“儿童友好”的理念，坚持规划引领、系统推进、功能拓展，体系化推进儿童友好公园建设，助力福州市儿童友好城市建设。

一、标准引领，强化理论指导和顶层设计

近年来，福州市以“全民动员、绿化福州”“绿进万家、绿满榕城”“新一轮城市品质提升”为抓手，开展体验式设计，将“儿童友好”理念融入项目建设中，推进城市公园绿地适儿化改造提升，并注重儿童友好公园建设经验的总结提炼。根据《关于推进儿童友好城市建设的指导意见》要求，结合适儿化项目建设经验以及儿童的生理、心理、活动特点和需求等，福州市试点提出了儿童友好公园的概念，并编制了《福州市儿童友好公园建设指引（试行）》（以下简称《指引》），为儿童友好公园建设提供理论指导依据。

《指引》通过分析本地儿童年龄结构和需求特征，梳理儿童活

动特点，界定儿童友好公园概念，明确建设目标和思路，从总体布局、场地设置、园路与铺装广场、配套设施、种植、水体、标识系统、电气及给排水等方面明确建设指标，进行适儿化建设，致力于将城市公园绿地建设成鼓励儿童亲近自然生态环境、丰富自然认知体验、符合儿童身心特点的自然教育空间。通过儿童友好公园建设，推动儿童友好理念渗透到各类儿童公园、综合公园、街头小公园等城市公园绿地，为儿童提供亲切便捷的户外运动和比赛活动空间，打造讲故事、音乐会、课外实践、科技体验等创新教育空间，激活儿童想象力与创造力。

二、系统推进，全方位打造儿童友好活动空间

福州市坚持以儿童公园为示范，由点到线、由线及面，对标提升，形成城市公园绿地适儿化改造项目清单。通过项目清单化管理和专业技术人员跟班作业，系统化推进其他城市公园和街头绿地的改造提升，打造由专属儿童活动空间、公共儿童活动空间和身边儿童活动空间组成的儿童友好公园体系，确保为儿童提供亲近自然、安全自由玩耍的城市公园。

（一）推进儿童专类公园建设，打造专属儿童活动空间

一是强化示范引领。福州市儿童公园坚持儿童友好理念，不断完善公园硬件配套设施，优化公园景观，丰富活动空间，提升服务业态，打造全市儿童友好示范园区。建设了一批儿童喜闻乐见的篮球场、羽毛球场等运动场地，开辟了供儿童种植、科普瓜果蔬菜的“开心农场”，更新改造活力园、戏水园儿童游乐及戏水设备，提升儿童游园乐趣。引进儿童爬山车、双层豪华转马、碰碰车、摇头飞椅等游乐设施，开设葫芦弟弟儿童书店，充分满足了儿童多样化

的游园需求。引进大众茶馆、亲子餐厅，提供价格亲民福州地方茶饮和鱼丸、肉燕等福州特色小吃，在满足儿童和家长餐饮需求的同时，推动地方茶文化、特色小吃等传统文化的弘扬传播。

儿童公园新改建的戏水园

二是带动整体提升。通过实施“绿进万家、绿满榕城”工程，以福州市儿童公园为示范，组织建设 13 个儿童专类公园（园区），实现儿童专类公园县（市、区）全覆盖。在规划建设过程中，严格按照儿童友好的理念充分考虑儿童的心理、身体、安全等因素，充分利用地势营造儿童乐园、沙滩等儿童游乐场所，增设滑梯、攀援网等娱乐设施，最大限度地满足儿童的户外活动需求。同时，注重材料选择、植物配置等，为儿童营造有趣味、可利用、可到达的专属儿童活动空间。

魁岐儿童公园儿童游乐设施

（二）实施综合公园适儿化改造，打造公共儿童活动空间

闽江公园南园儿童游乐场

一是打造公共休闲空间。在综合公园更新改造过程中，强化公共休闲空间的适儿化建设，从儿童的视角进行景观的整体性设计，综合考虑边界、道路、节点等环节，优化水体、植物、地形、道路铺装和游戏设施等景观要素配置，确保整个空间都适宜儿童的游乐活动，并在兼顾儿童行为需求基础上综合考虑看护需求等。福州中心城区已有21个综合公园通过优化，疏通公园林下空间41.6万平方米，新增儿童活动设施257套，有效增加了综合公园的儿童活动空间。

二是完善公园基础设施。可达性、可利用性、安全性是儿童友好公园建设的重要考核指标。福州市坚持不断完善公园基础设施，按照《无障碍设计规范》要求，对公园出入口、园路、坡道等进行改造提升，累计改造提升无障碍设施近百处，组织各公园新建第三卫生间 60 个，改造儿童洗手台 85 个，完善安全防护措施 65 处。同时还对导向标识、提示标识和宣传科普标识进行完善，便于儿童可视、可读，确保低龄儿童可以顺利地在公园通行游乐。

（三）完善街头绿地设施，打造身边儿童活动空间

近年来，福州市按照“300 米见绿、500 米见园”的目标，见缝插针，增加绿色活动场地。结合城区水系综合治理在内河沿岸建设公园绿地，实施“十位一体”工程，充分利用城市边角地、收储地，在道路边、社区旁建设小公园，共建设可步入式街头小公园 1 400 多个。福州市以儿童游戏、运动、学习等需求为导向，结合街头小公园分布点位广、贴近居民社区的特点，因地制宜设置儿童活动区，建设各种适合不同年龄阶段儿童游玩的公园环境，让“儿童友好”的概念转化成一个个身边的“实景图”。在小公园增设滑梯、攀爬、沙坑等设施，方便家长携带儿童就近游玩。在街头小公园配套建设“五人制”足球场、篮球场、羽毛球场等运动场地，并配备老少皆宜的健身器材，便于儿童就近参加体育锻炼。配套设置 24 小时图书馆，打造家门口的亲子阅读空间。设置社会主义核心价值观、“福文化”、交通安全等景观小品，让儿童在玩耍、上学途中潜移默化受到感染和教育。

街头小公园篮球场、足球场

三、功能拓展，精心打造寓教于乐知识课堂

实施“公园＋文化”建设，不断拓展城市公园文化功能，发挥城市公园自然资源优势，积极开展形式多样、内容丰富的自然科普研学活动，丰富儿童自然科学知识。发挥城市公园宣传窗口优势，开展优秀传统文化宣传弘扬和精神文明宣传教育，引导儿童参与多种传统文化教育和社会实践，满足儿童多样化服务需求，积极将城市公园打造成为儿童成长的第二课堂。

（一）打造自然科普研学基地

城市公园是城市儿童与大自然接触的主要公共空间，福州市城市公园联合专业自然教育机构，开展自然科普研学基地建设，定期在公园开设“乐享自然公园课堂”，面向全市儿童开展园林植物的认种认养、园林植物挂牌、儿童插花培训等各类自然生态教育交流体验活动，让儿童从自然种植、科学观察和实验探索等不同角度开展植物研学之旅，孩子们不仅收获快乐，提高观察能力、动手能力，更在玩乐中逐步养成热爱自然、保护生态的意识。

茶亭公园童心同行植莲同乐活动

（二）打造传统文化弘扬教育基地

充分发挥各综合公园资源优势，开展特色文化活动。于山戚公祠、郁达夫纪念馆、福建人民革命大学校史馆等爱国教育基地与幼儿园、中小学开展共建活动，培养儿童的爱国主义精神。组织家庭

共同参与西湖公园上巳节、花朝节等活动，在加强亲子互动的同时也进一步了解传统文化知识。同时，结合春节、拗九节、端午节等节假日、主题日，开展儿童家风家训教育、民俗文化传承等主题亲子活动，加强传统文化的弘扬和教育，培养儿童从小树立真、善、美的价值观。

金山公园元宵节制作花灯

（三）打造精神文明宣传教育基地

联合专业公益组织，举办儿童系列慈善公益活动“益”童市，邀请亲子家庭参加，开展家庭旧物物物交换（废旧书籍、玩具等儿童用品）、爱心义卖以及面向福建省内大病儿童的慈善募捐等，培养儿童沟通、交流能力，树立爱心互助观念。组织开展环境保护、垃圾分类等主题活动，传递绿色环保理念，利用废旧物品开展创作，进一步提高了孩子们的动手能力、创新能力和审美情趣，丰富了孩子们的课余生活，更增强了孩子们的环保意识，促进养成爱惜资源、保护环境的好习惯，让“绿色、低碳、环保”理念深入童心。

儿童公园“益”童市义卖活动

儿童友好公园建设是社会文明程度提升、社会治理精细化的必然要求。福州市在儿童友好公园建设中注重标准指引、系统推进、融合发展，在打造城市儿童友好空间的同时，提供多样化的服务并营造友好文化环境，为儿童提供了回归自然、释放天性的公共空间。下一步，福州市将坚持儿童优先原则，以“山水城市、有福之州”为引领，持续推进儿童友好公园建设，将更多更好的“山水福”“绿色福”送到儿童身边，努力提升儿童的体验感和幸福感，助力福州建设儿童友好城市。

威海市：打造儿童友好社区擦亮精致城市幸福底色

威海市以社区为阵地，以儿童为主角，在理念、空间、活动、服务等方面，为“小主人翁”提供广泛参与社区和城市社会生活的便利环境，促进广大儿童身心健康成长，推动儿童友好事业融入经济社会发展。目前，全市已打造68个儿童友好社区，为儿童提供了全方位的普惠服务支持体系，创造了儿童自由玩耍、教育体验、社会实践的广阔空间，蹚出了具有威海特色、精致底色、幸福暖色的儿童友好发展路径。

一、空间“童化”：量身打造儿童友好“生活圈”

以往的社区环境、社区服务普遍以成年人、老年人为服务对象，儿童的参与感较弱。在精致城市建设过程中，威海市充分融入儿童友好理念，对143个老旧小区和新建小区进行适儿化改造提升。精心设计区域空间环境，优化全龄儿童社区服务，全面打造“15分钟儿童友好生活圈”，让儿童在城市、社区空间得到更温柔的呵护、更细腻的照料和更快乐的体验。

一是全链条打造适儿化空间。针对儿童活动特点量身设计公共活动空间和服务设施，依托社区党群服务中心、新时代文明实践站等，采取改建、共建等方式，打造健康、安全、便利、和谐的社区场景。将多功能阅读区、科普展示、幼儿活动区、实践体验区融合在一起，高品质打造了“魏桥儿童生活馆”“槐云社区儿童之家”，为全龄儿童提供活动空间。全市 245 处口袋公园、80 多处综合公园实现儿童活动设施全覆盖，为社区儿童提供舒适温馨、功能健全的活动场所，营造有温度、有品质、可持续的友好社区“氛围力”。

二是全领域建设儿童友好社区生活圈。统筹社区食堂、社区医院、城市书房、幼儿园、培训机构等资源，完善母婴室、儿童洗手池、儿童食育科普等功能配套，打造多处儿童友好服务点，切实织密儿童服务网格，实现便利服务不出社区，切实增进儿童对社区的参与感、归属感、获得感和幸福感。

三是全方位护航儿童安全出行。强化校园及周边治安管控，完善常态化警校联系沟通、信息共享交流和培训演练等机制，实现校园专职保安员配备、封闭化管理、一键式紧急报警和视频监控系统建设、“护学岗”设置全覆盖。通过路口优化改造、安装隔离设施、完善标识标线、设置特色宣传标语、挖潜周边停车资源等方式，在全市打造鲸园小学－文体公园安全出行系统、山大实验学校“五彩通学路”等 10 处儿童安全出行路径。社区联合交警、学校开展交通安全场景体验活动，多方协同保障儿童出行安全。

二、项目“童领”：量身定制儿童友好“生态圈”

充分尊重儿童主体地位，威海市通过优化配置儿童友好阵地资源，实施儿童友好服务项目，孵化儿童友好项目品牌，全面提升儿童服务效能，在全社会营造儿童友好“生态圈”。

一是因地制宜打造服务中心。以“阵地＋社会组织＋公益项目”服务方式，贯通社区服务中心、妇女儿童活动中心、儿童之家等服务阵地，搭建集组织服务、项目管理、资源整合、社会创新于一体的服务平台。投入 2 000 余万元培育、孵化、扶持儿童友好类社会组织，提供培训、督导、项目对接、项目落地等综合支持，常态化开展面向儿童的专业化、多元化、优质化的服务，推动实现儿童服务供需动态平衡。

二是精准开展主题活动。引进诺和悦然、坚果公益等 30 多个专业儿童服务社会组织，以项目化方式开展社区儿童服务。打造“共筑童心健康梦”“自然与我，友好童行”“科学筑梦，童创未来”等 50 余个品牌项目，开展非遗传承、亲子阅读、科学探秘、研学实践等个性化主题活动。实施“百千万”家庭教育工程，建设覆盖城乡社区的家长学校等家庭教育指导服务站点，创新推广“家庭会议 + 家长读书会 + 亲子阅读”，开展家庭教育指导服务活动 378 场次，受益 3 万多人次，树立科学家教，涵育时代家风。

“自然与我，友好童行”趣味赶海活动

三是量身定制特色服务。拓展儿童友好社区阵地服务功能，接入民生服务、志愿服务、文体服务、托育服务等更多服务项目，通过“你点菜 · 我列单”的方式，制定儿童需求清单和服务项目清单，为儿童提供精准化服务。依托社区“四点半课堂”，为有需求的家庭提供课后托管服务。依托社区托育点，探索为辖区内 3 岁以下儿童提供托育服务。依托全市 46 个城市书房和社区阅读空间，引入专业的亲子阅读机构，提供亲子阅读指导服务。依托“社会妈妈”、希望工程等关爱项目，为社区困境儿童提供学业指导、心理辅导、精神关怀、物质帮助等关爱服务。

三、城市“童享”：量身扩容儿童友好“协商圈”

儿童不仅是城市生活的体验者，也是城市未来的建设者。威海市瞄准儿童生活和学习主阵地，以社区为切入口，以儿童协商组织为突破口，以丰富多彩的主题参与活动为载体，拓展儿童参与城市建设、社区治理的内涵与外延，许多儿童的心声建议被倾听、被尊重、被接纳，形成了共建共治共享的儿童参与新格局。

一是建立儿童参与机制。践行“重视儿童、尊重儿童”理念，从全市层面出台儿童参与规则、规范流程和制度，形成常态化的参与机制。组建儿童观察团等200多个儿童协商组织，让社区儿童深度参与社区公共事务，围绕公共空间、环境保护、社区治理等方面确定议事主题并进行协商。让儿童关注自身所需、关切社会问题，在参与议题过程中敢想、敢说、敢做，以主人翁的姿态积极融入社区治理。推进社会资源开放共享，丰富儿童参与体验平台。依托海洋科技馆、公益文化空间、美术馆、博物馆等公共文化资源，广泛开展油画创作、海洋科普、劳动参与、红色教育等活动，让儿童从艺术、人文、科普、红色、安全等多角度体验社区实践活动。目前已举办丰富多彩的儿童参与活动1 000余场，采纳意见建议500余条，儿童参与公共事务和公共活动的效果进一步显现。

二是拓展儿童参与内涵外延。将儿童参与活动与未来成长发展相结合，在参与过程中同步培养儿童的社会意识，提高人格素养。以自然教育、户外体验等为主题，打造儿童种植体验区、生态角、动物之家等，让儿童在亲近自然过程中形成责任意识与良好习惯。优化对儿童的奖励、宣传和评选等制度，探索“诚信 + 儿童友好”模式，通过设置信用超市、儿童银行兑换区、发行“儿童时光银行”存折等方式，引导儿童参加“童心向党”宣讲、文明礼仪宣传、垃圾分类等志愿服务活动，培养儿童诚信意识、环保意识等。

专栏 威海海洋科技馆拓展儿童参与体验

威海海洋科技馆是免费对外开放的公益展馆，总投资1.4亿元，打造了占地1.6万平方米的儿童科普场馆。集海洋科技展示、科普教育、海洋博物、文化创意、休闲娱乐等功能于一体，以先进多元的科技手段、丰富有趣的互动体验，激发儿童对海洋的求知、探索、创造能力。目前，研发海洋科普馆本课程18套，举办教育科普活动31场次，受众青少年群体2.21万余人次。通过生动的展厅讲解、有趣的海洋科普课程和丰富的海洋实践活动，推动海洋教育融入儿童文化知识教育、社会实践教育各环节。

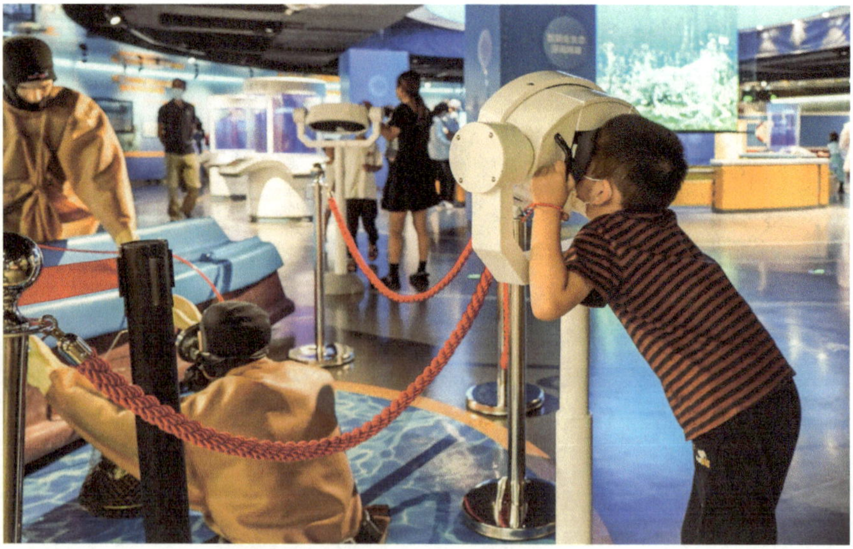

威海海洋科技馆儿童科普教育活动

四、多方“童治”：量身擘画儿童成长“同心圆”

威海市充分发挥党委领导、政府主导作用，积极引入社会力量参与，创新儿童服务模式，撬动辖区各类资源向儿童倾斜，通过社区搭台、多元参与的方式，打造“多方联动·融合共治”的社区治理共同体。

一是打造儿童友好商家联盟。优化配置社会资源，试点推进区域内商超、金融机构、餐饮行业、手工作坊等与社区公共服务组织达成合作意向，设置儿童职业体验区、儿童娱乐区、儿童阅读区，择优挂牌儿童友好店铺，为儿童提供更为优质的服务和优惠，凝聚社会力量参与，形成共创共建共享儿童友好城市的良好氛围。

二是打造儿童友好实践基地联盟。以党群服务中心为平台，整合域内资源，打造自然科普实践基地、儿童海洋牧场实践基地、儿童体适能实践基地、无花果研学基地、儿童手工实践基地、儿童红色教育基地等，命名39处儿童友好实践基地。编制儿童友好研学地图，发布儿童友好主题宣传片，实现资源共享、活动联办、品牌联创，增强儿童友好理念的影响力和融入感，为儿童提供适龄、适趣的多元化服务。

三是打造儿童友好科创联盟。立足区域内高校、高新技术企业分布集中的优势，充分整合高校科普展厅、企业科技展馆等资源平台，成立儿童友好科创联盟。以企业品牌技术和产品为依托，精心设置课程，辐射儿童友好社区。现已打造“我是小小大学生”“航海中的科技‘灯塔’”“我是大国机电师”等20多条研学线路，在各区域形成了儿童研学项目集群。与学校合作开展科普、科学探究活动200余场次，受益者达到4 000余人，大大丰富了儿童创新实践的载体和平台，全面提升了儿童科学素养。

菏泽市：以儿童友好“小支点”撬动城市发展“大格局”

菏泽市把儿童友好城市建设作为推动妇女儿童事业高质量发展的重要抓手，解放思想，先行先试。坚持把“传承红色基因、引领政治启蒙、塑造价值观念”作为建设目标，明确了“党建引领 + 儿童友好”的建设思路，出台了《关于加强党建引领儿童友好城市创建 培育担当民族复兴大任的时代新人的指导意见》，凝聚共识，蹚出一条欠发达地区儿童友好城市建设新路径。

一、建立三项机制，凝聚儿童友好多方合力

2021 年 10 月 14 日，菏泽市召开儿童友好城市建设工作动员大会，全面拉开了全市上下凝心聚力、同心协契推动儿童友好城市建设的篇章序幕，“政府统筹、部门联动、社会协同、多元参与”的共建共治格局加快形成。

一是加强组织领导，建立高位推动机制。菏泽市委、市政府高度重视儿童友好城市建设工作，成立由市委书记、市长任双组长，各县（区）委书记、县（区）长、38 家市直单位主要负责人为成员的儿童友好城市建设工作领导小组，全面统筹推进建设工作。2022 年 12 月，《菏泽市儿童友好城市建设促进条例》经山东省人大常委会审议通过，菏泽市成为全国首个将儿童友好城市建设纳入地方性法规的地市。儿童友好城市建设工作还被写入中共菏泽市第十四次

代表大会报告和2022年政府工作报告，列入《市政府2022年经济社会发展责任目标分工方案》，纳入市级督查检查范围，列为政协重点提案，纳入2022年度季度协商工作议题，共同建设氛围日渐浓厚。

二是强化齐抓共管，建立高频联动机制。菏泽市立足当前、着眼长远，围绕儿童友好城市建设内容和目标，制定《菏泽市儿童友好城市建设方案》《菏泽市儿童友好城市建设战略规划（2021—2035年）》《菏泽市创建儿童友好城市三年行动计划（2021—2023年）》等长、中、短期建设方案，明确15个大行动50项任务，分阶段、分层次、分类别、分重点高标准推进建设工作。建立由政法、公安、教育、司法、民政、妇联、残联等12个部门共同参与的儿童保护联动机制，实现专业化办案和社会化保护配合衔接，合力攻坚力量不断凝聚。

三是突出群策群力，建立高效协同机制。菏泽市注重发挥各级党委政府组织优势，充分激发企业、家庭、社会组织、公益团队等多领域的主体作用，制定《菏泽市儿童友好企业建设指引（试行）》《菏泽市儿童友好学校建设指引（试行）》《关于推进菏泽市儿童友好乡村建设的指导意见》等儿童友好城市建设指引和服务指南，引领全社会、各领域、多主体推进建设工作，齐心协力态势不断巩固。

二、多维元素构建，打造儿童友好菏泽样板

菏泽市始终坚持儿童优先发展战略，秉承“1米高度看城市”的理念，将儿童视角纳入城市治理体系，从打造试点单元建设入手，构建家庭、社区、学校、社会等多维元素，从儿童眼中读懂内心需要、发现世界美好。

一是关注家庭友好，筑牢儿童健康成长基石。切实把儿童友好作为家庭家教家风建设的基础、“家校社”协同育人的抓手和创新城市治理的手段。广泛开展寻找儿童友好“最美家庭”活动，举办最美家庭事迹展示、宣讲巡讲等活动，儿童友好参与度逐步扩大。深入实施“家庭教育支持行动”，建立了由市妇儿工委统筹协调，市教育局、市妇联牵头组织，22 个市直部门共同参与的家庭教育工作协调机制。成立市级家庭教育指导服务中心，建成市级家庭家教家风实践教育基地 30 个、社区（村）家长学校或家庭教育服务站（点）4 300 余处，招募 460 余名专业资质志愿者，组建“小红扣”家庭教育志愿服务团，实行“点单、派单、接单、评单”的闭环服务模式，深入开展家庭教育指导服务活动 820 余次，服务妇女儿童及其家庭成员 66 万余人。构建家庭友好的支持体系与科学育儿的服务体系，让儿童友好与家庭教育深度融合，营造更加友好的城市人文环境和社会环境。

二是注重学校友好，拓展儿童友好服务外延。学校是孩子走入社会、认知社会的第一步。菏泽市紧紧围绕立德树人根本任务和建设高质量教育体系的目标，实施“红心向党”工程，开展红色主题教育实践活动，厚植青少年爱党爱国爱社会主义情怀。科学规划布局城乡学校建设，均衡配置教育资源，年内新建改扩建中小学 50 所、幼儿园 30 所，新增学位 4.5 万个。开展儿童友好学校试点，从儿童立场、儿童视角对校园文化建设、课程设计、活动组织、教学实施等方面开展全方位建设，探索具有“融合、共享”特征的社校融通模式，引领儿童展现独特的创造性，释放孩子的自由天性。伴随教育资源的不断优化和教育质量的不断提升，儿童友好试点学校已覆盖全市 52 所学校。

专栏 菏泽市万福实验学校积极打造儿童友好学校

菏泽市万福实验学校的学生正在上编程课

菏泽市万福实验学校坚持以儿童发展为中心，秉承“创造适合每一位学生充分发展的教育”理念，把儿童友好作为全校师生的共同理念、行动和责任。坚持“绿色建筑”理念，打破空间界限，整个校园建筑四通八达，不仅连接起了学生们选课走班的路线，更搭起了交流互动的桥梁。建设三级图书馆，即学校中央图书馆、年级图书馆和学科教师图书馆，为学生提供了更满足针对性需求的学习环境。根据学生兴趣爱好，开设“钱币加减”“跳蚤市场”“校长有约”等50多种特色课程、交流活动，让学生在课外活动中增长知识、提升能力，努力建设学生快乐、教师幸福、家长放心、社会满意的儿童友好学校。

三是推进社区友好，丰富儿童成长发展空间。菏泽市围绕社区是儿童第一个“社交成长圈”理念，打造“以家为原点，社区为半径”的儿童成长发展空间。制定印发了《菏泽市儿童友好小区建设与服务规范指引（试行）》和《菏泽市建设儿童友好社区（小区）实施方案》，有序推进全市范围内100个儿童友好小区建设。不断完善优化社区儿童活动基础设施配套，建立健全菜单式、分龄式儿童服务体系，环境友好、设施齐全、服务完善的儿童友好生活圈正在变为现实，儿童的获得感、幸福感和安全感不断增强。

专栏 菏泽中心小区探索建设儿童友好社区

菏泽市首个儿童友好试点小区——菏泽中心小区，积极融入儿童视角，在小区内全域实行适儿化改扩建工程，让整个小区充满了童趣和亲和力，用心用爱筑就起家长满意、孩子向往的“儿童之家”。小区拿出核心位置，打造集儿童乐园、儿童阅读中心、自习室、手工课堂四大功能模块于一体的儿童主题特色活动空间，联合市妇联“花城巧姐”工作室、非学科教育机构和社会性公益组织开展科普讲堂、手工制作、阅读日等多元化、公益性特色主题日活动100余场。组织爱尔兰国宝级舞剧《大河之舞》演出、中国围棋比赛、军事训练营、篝火晚会等大型联谊活动，2 000多个业主家庭参与其中，促进了家庭亲子和谐和睦氛围，丰富扩展了儿童成长的社区空间。

菏泽中心小区开展儿童关爱和亲子活动

四是创新村居友好，推动儿童友好城乡一体建设。菏泽市立足农业大市现状，针对城乡儿童不同发展需求，坚持城乡互补、融合发展的工作思路，将儿童友好全面融入乡村振兴工作大局。制定《关于推进菏泽市儿童友好乡村建设的指导意见》，培育乡村儿童友好产业，加强儿童基础配套服务设施建设，将儿童友好村居与省级美丽乡村建设同步推进，着重从儿童生活环境、权益保障、成长路径、可持续发展等方面，提供乡村振兴儿童领域的菏泽方案。

专栏 小王庄村依托文化优势建设儿童友好乡村

单县浮岗镇小王庄村是典型的北方古村落，依托特色资源和民俗文化优势，积极融入儿童友好元素，打造“儿童友好+民俗特色+体验游玩”观光旅游产业发展模式。村内各类亲子主题活动层出不穷，清农学堂、生态餐厅、特色农产品小市场等沉浸式活动给孩子们带来新体验。小王庄村的儿童友好发展理念，不仅为本村的孩子提供了“景美书香”的成长氛围，陪伴孩子健康成长；也满足了城市家庭的孩子对于中国民俗文化、传统农业认知、亲子互动度假等体验需求，开阔了孩子眼界，让城乡的孩子们能够相聚田园，感受生活，贴近彼此，分享美好。

郑州市：多元共建聚合力
环境友好暖童心

营造儿童友好的社会环境是建设儿童友好城市的重要内容。郑州市聚焦优化儿童健康成长社会环境，健全党委领导、政府主导、协调机构统筹、多部门合作、全社会参与的工作机制，多措并举，协同发力，积极塑造健康文明向上的儿童成长环境，为促进全市儿童更好成长奠定坚实基础。

一、强化机制、完善政策，形成多方共建的强大合力

一是健全工作机制，强化部门协同。成立郑州市儿童友好城市建设工作领导小组、郑州市人民政府妇女儿童工作委员会、郑州市未成年人保护领导小组 3 个儿童工作议事协调机构，健全市委宣传部、市委政法委、市委网信办、市发改委、市妇联、市法院、市检察院、市教育局、市公安局、市民政局、市卫健委、市文化广电和旅游局、团市委等多部门协同合作、社会广泛参与的工作机制，着力营造适宜儿童成长的友好社会环境。

郑州市关于儿童友好城市建设的相关制度文件

二是出台地方法规，夯实法治基础。结合市情，积极探索出台符合郑州实际的地方性法规，不断夯实发展环境友好的法治基础。在全国省会城市中率先出台《郑州市实施〈中华人民共和国家庭教育促进法〉办法》，通过地方立法，对上位法的原则规定细化量化、延伸拓展，积极探索打造家庭教育“郑州模式”。该办法把实践中成熟的经验做法上升为制度规范，实现郑州市家庭教育工作政策、体制、理念层级的综合性、全局性的重大突破，为优化儿童成长环境提供了法律指引。

三是完善政策支持，强化制度保障。制定出台《关于在全市开展创建儿童友好型企事业单位的通知》《郑州市人民政府未成年人保护工作领导小组关于加强未成年人保护工作的意见》《郑州市关于贯彻落实家庭家教家风建设工作的实施意见》《郑州市关于指导推进家庭教育的五年规划（2021—2025年）》等儿童友好政策文件。这些政策文件涵盖推进家庭家教家风建设、培养健康向上的精神文化、筑牢安全发展屏障、防止儿童意外和人身伤害、预防未成年人犯罪等领域工作，进一步明确了各级政府、机关及企事业单位、人民团体、社会组织和未成年人监护人在优化儿童成长社会环境方面的职责，促进儿童友好理念成为全社会共识。

二、健全机构、打造阵地，壮大服务儿童的专业力量

一是推进家庭教育指导阵地及队伍建设。成立郑州市家庭教育指导中心（事业单位）和家庭教育工作领导小组。持续建设中小学校（幼儿园）家长学校、城乡社区家长学校及其他家庭教育指导服务站点。截至2022年底，全市已建成中小学校（幼儿园）家长学校1 926所，基本达到公办学校全覆盖；城市社区和农村社区（村）

家长学校或家庭教育指导服务站点 2 758 所，覆盖 93% 的城市社区和 82% 的农村社区。依托各级服务站点，2 596 名专业人士通过线上线下相结合的方式，为 300 余万户家庭提供家庭教育、心理健康指导等服务。

二是推进家庭家教家风示范基地建设。持续开展家风家教、家庭教育创新、家庭亲子体验等示范基地创建，并依托示范基地积极开展活动，引导儿童及其家庭成员自觉培育和践行社会主义核心价值观，建设好家庭、涵养好家教、培育好家风。截至 2022 年底，命名市级示范基地 100 个、全国及省级示范基地 10 个。

三是推进未成年人保护工作站建设。截至 2022 年底，全市通过整合服务场地、配备专业人员等形式，挂牌建设乡镇级未成年人保护工作站 83 个，积极为辖区未成年人提供各类关爱保护服务，为儿童健康成长筑起坚实屏障。

四是推进法治宣传教育基地建设。截至 2022 年底，全市共建设法治宣传教育基地 17 个。其中中牟县检察院“春雨 · 青少年法治教育基地”、中原区检察院“青少年法治教育实践基地”、管城区检察院“未成年人普法教育中心”被评为河南省优秀法治宣传教育基地。

五是推进未成年被害人“一站式”专门场所建设。为加强对未成年人的司法保护，避免未成年被害人遭受二次伤害，郑州市积极推进未成年被害人“一站式”专门场所建设，场所数量占全省的 1/6。

三、创新形式、丰富内涵，开展促进儿童发展的多彩活动

一是持续培育家庭家教家风品牌。深入实施“家家幸福安康

工程”，创新打造“德润万家”“育兴万家”“书香万家”“法进万家”“康乐万家”“绿惠万家”6个万家品牌活动。开展家庭教育、心理健康、亲子阅读、法制宣传等各类讲座、活动近万场，惠及群众近400万人次。实施郑州市“百校万家·家校社共育工程”项目，围绕儿童核心素养，以德育、智育、体育、美育、劳动教育为主线，探索形成“教师指导、家长参与、学生主体”的家校社共育格局。多部门多条热线多个平台服务广大家庭，开通覆盖16个区县（市）的“郑州市妇女儿童维权热线（心理咨询）12338”、“12355青少年心理疏导热线”、“郑州市未成年人保护求助咨询电话037155151051”、“家教良方 百问百答”咨询热线、“郑州市妇女儿童活动中心公益心理援助热线”等热线电话，为未成年人及其家庭提供政策法规咨询、心理疏导、情绪抚慰、家庭教育指导等服务。开通“家教良方”平台微信公众号、微信视频号和抖音号，向全市家庭传播科学育儿理念，已有169.8万人次观看相关视频。

郑州市举办“亲爱的爸爸来了”公益亲子活动

二是积极开展健康向上的儿童活动。2022 年郑州市将弘扬和传承中华优秀传统文化与培育践行社会主义核心价值观相结合，开展“喜迎二十大 童心向未来”“我们的节日”等各类健康向上的儿童主题实践活动 7 000 余场。依托黄河文化、嵩山文化，面向儿童开展阅读推广、文艺演出、展览游览等公益活动 3 600 余场。举办郑州市中小学生科学运动会、全国科普日等线上线下科普教育活动 1 600 余次。积极推动少儿体操赛、少林拳、网球、手球等多种体育项目进入幼儿园、中小学，开展“奔跑吧·少年”郑州市儿童青少年主题健身活动，举办第二期“让百万儿童爱上运动”公益活动。通过丰富多彩的活动，全市少年儿童进一步传承了红色精神、坚定了文化自信、提升了科学素养。

郑州贝斯特幼儿园第一届幼儿手球联赛活动

四、立足保护、加强教育，筑牢儿童保护安全屏障

一是持续净化网络环境，打造有利于儿童成长的网络生态。深入开展“清朗·‘饭圈’乱象整治”等专项行动，保持对涉儿童网上违法犯罪活动的严打态势，持续净化网络环境。通过开展护苗网络安全系列课堂、“大国少年 未来有我”少年儿童网络文明实践活动等，加强对儿童使用网络的分龄分类教育指导，引导儿童科学、文明、安全、合理使用网络。

郑州市龙腾小学开展校园网络安全教育活动

二是强化安全保障，构筑儿童成长的安全盾牌。持续推进“护校安园”专项行动，实现全市中小学、幼儿园专兼职保卫人员配备率、视频监控及一键式紧急报警装置安装率、封闭管理率、“护学岗”设置率动态保持100%。加强对儿童相关产品的监管，切实保障儿童用品安全。健全儿童意外事故预防和处置机制，加强对儿童

密集场所、公共场所的安全隐患排查，通过增补设施、配齐人员等措施，消除环境危险因素，保障儿童安全。加强儿童安全教育，提高儿童自护自救意识和能力。督促落实“一号检察建议”，全面开展强制报告、教职工入职查询，严格执行打击拐卖儿童犯罪工作机制，从快打击侵害未成年人的犯罪行为，预防和依法严惩对儿童实施的违法犯罪行为。

三是加强法治教育，提升儿童法治意识。通过“送法进校园”等形式，常态化开展青少年普法宣讲活动，2022年开展普法宣讲活动1 000余场。依托法治宣传教育基地，开展普法夏令营、冬令营等活动，促进未成年人沉浸式参与法治实践。创新普法形式，编写漫画书籍《法治伴我成长》，制作《我心中的一号检察建议》《检小未用“典”记》《大阳的法治奇妙之旅》等法治课件，依托钉钉云课堂、抖音直播、广播电台等平台，扩大普法宣传面，提升未成年人普法教育的效果。

“模拟法庭”活动

四是强化分级干预，有效预防未成年人犯罪。秉持儿童利益最大化原则，推进落实未成年人违法犯罪分级干预制度，及时发现、制止未成年人的不良行为和严重不良行为，保护涉罪未成年人合法权益。积极引进司法社工，依托司法社工对涉案未成年人开展专业化精准化帮教，探索形成“1 + 2 + 3 + 4”临界预防工作机制，建立健全家庭、学校、社区、司法、社会多主体协同观护帮教机制，促进未成年人认知和行为发生改变，帮助消除犯罪隐患，有效预防未成年人犯罪。

长沙市：以儿童友好引领全龄友好

长沙市是中国儿童友好城市建设的先觉者、先行者、先倡者。2015年长沙市委市政府提出创建“儿童友好型城市”，2021年以儿童友好为着力点，《长沙市国土空间总体规划（2021—2035年）》提出构建儿童友好、青年向往、老龄关爱型的全龄友好城市目标，深耕全民幸福感、获得感、安全感。多年来，长沙市立足于本土实际，着眼于儿童发展，在城市发展理念、规划建设和运营管理多方面遵循儿童优先原则，切实满足儿童需求，取得了系列实践成果与经验。

一、健全社会政策，践行儿童友好理念

一是强化顶层设计。出台《长沙市创建“儿童友好型城市”三年行动计划（2018—2020年）》，从政策、空间、服务三大领域铺排10大行动42项任务。发布《长沙市儿童发展规划（2021—2025年）》，将儿童友好城市建设工程列为重要实事项目，切实保障儿童友好城市建设工作机制建立健全。将“儿童友好”作为城市建设重点纳入《长沙市国土空间总体规划（2021—2035年）》，全面升级工作并推出《长沙市创建“儿童友好城市”三年行动计划（2023—2025年）》，逐步构建起覆盖全领域、各层级的儿童友好城市建设大格局。

二是制定建设指南并加强动态监测。编制长沙市《儿童友好城

市行动导则》《长沙市儿童友好型小区建设指引》《长沙市儿童友好型学校建设管理导则》等系列文件，为规范化儿童友好空间建设提供指导和依据。开展儿童友好城市建设督导评估体系和儿童社会保护机制探索，编制年度《长沙市儿童权利现状分析调研报告》《长沙市儿童发展规划统计监测分析报告》，向社会发布长沙市儿童事业发展状况、实施进展、成效亮点等内容。

三是建立工作联动机制。长沙市成立以市长为顾问、常务副市长为组长的儿童友好城市创建工作领导小组，形成责权明晰、分工明确、运转有序的儿童友好城市建设协作机制，有效促进各项任务的部署与落实。横向构建以儿童为中心的“行政、社区、学校、企事业、媒体”多主体协同治理机制，纵向搭建“市—区县—街道”工作实施体系，组建包含专家教授、规划师在内的专业团队和志愿者队伍，逐步形成政府主导、社会参与、全民行动的工作体系。

儿童参与“梦想家建造节”活动

四是促进儿童参与城市建设。利用“六一”儿童节、世界儿童日等节日组织开展“点亮儿童未来”“益跑长沙”等儿童参与主题实践活动。引领儿童参与城市设计与建设，广泛向儿童征集儿童友好LOGO、儿童友好IP形象等作品，推出“城市+公开课”“扎针地图”“梦想家建造节”等品牌活动，举办“小小规划师”“小小气象员”“小小水文员”等职业教育活动，引导三湘少年德智体美劳全面发展，切实参与学校、社区、社会生活，感知自然环境，融入城市发展。

二、完善公共服务，夯实儿童服务体系

一是完善托育教育服务。支持发展托育服务，普及发展学前教育，均衡发展基础教育，完善控辍保学机制，确保义务教育入学率100%、留守儿童和家庭经济困难学生入学率100%，促进公共教育资源普惠共享、优质均衡。“双减”政策下，中小学生和家长的教育满意率分别提升至98.2%、97.7%。

二是精细打造儿童友好服务平台。实现全市1 613个社区（村）“妇女儿童之家”全覆盖，创建省、市、区县（市）三级示范“妇女儿童之家”722个，为全市妇女儿童的多元化需求提供了服务阵地。依托市图书馆、规划展示馆、市妇女儿童活动中心等单位开展免费公益培训课堂。开设并运维“长沙儿童友好成长树”微信公众号，搭建起儿童与城市共同成长的互动平台，为儿童提供查询、评价各类儿童空间及设施，参加各类儿童友好实践活动，分享自己对于城市建设的感悟及建议等服务功能。

三是健全儿童服务资源配置。以妇幼保健机构、综合医院儿科和儿童医院为重点，统筹规划和设置全市儿童健康服务资源，促进儿童医疗服务均等化。加强儿童心理健康服务和管理，实现各中小学校心理咨询室覆盖率、心理健康教育课开设率达100%。积极推动各类公益性科技、文化、体育场所对儿童免费开放，大幅提高各类服务设施供给能力，打造儿童素质教

“我的长沙我的家”儿童系列读本

育综合实践基地 7 个、劳动与实践教育基地 77 个、青少年体育俱乐部 101 家，暑期向全市儿童免费开放运动场馆 90 家，服务中小学生 197 592 人次。

三、强化权利保障，健全儿童福利制度

一是健全儿童福利保障机制。出台《长沙市人民政府办公厅关于加强困境儿童保障工作的实施意见》，建立健全困境儿童分类保障机制，从生活、监护、教育、医疗、安全方面落实全市孤儿、事实无人抚养儿童、低保特困儿童、残疾儿童的基础保障，明确孤儿、事实无人抚养儿童成年后全日制在读的继续发放相应标准生活保障，为困境儿童提供就学保障与支持。

二是完善儿童福利服务网络。推进儿童福利设施优化提质，将长沙市儿童福利院列为市十大重点公共服务设施项目之一。区县（市）未成年人救助保护机构、乡镇（街道）儿童督导员、村（社区）儿童主任三级儿童福利服务网络实现全覆盖，通过发放岗位津贴、组织业务培训等举措，有效提升基层服务儿童的积极性与专业能力。

三是持续开展儿童关爱工作。推广寒暑假期儿童关爱服务，为农村留守儿童和困境儿童发放慰问金、慰问品。2022 年全市各级开展儿童关爱服务活动 2 515 次，参与人数共 100 126 人，其中农村留守儿童 2 014 人次、困境儿童 9 228 人次。

四、打造友好空间，提升儿童生活品质

一是优化城市公共空间布局。打造以街道为基础的 15 分钟步行生活圈，基本实现幼儿园 300 米服务半径、小学 500 米服务半径

全覆盖。开展儿童空间微改造设计竞赛，由 300 名儿童投票选出最优方案，政府部门实施落地，提升儿童友好设施配置。

二是改善儿童安全出行体验。研究编制《长沙市儿童友好安全出行系统建设指引》《长沙爱心斑马线交通工程设计》，明确儿童出行相关设施建设指标和要求，保障儿童通学路径安全，2018—2022 年共建成 117 条“爱心斑马线”，有效提升校园周边交通条件与学生出行安全系数。推广儿童友好出行示范系统，向街道沿线住户、单位发布儿童友好倡议书，合理压缩机动车道，拓宽步行、骑行空间，实现儿童出行路径无盲区覆盖，打造安全舒适的儿童上学途径和生活路径。

三是打造试点样板。结合 15 分钟步行生活圈和城市有机更新等民生工程，在不同空间尺度上开展儿童友好学校、企事业、街区、社区及公园建设，全市共认定 62 所儿童友好学校，80 家儿童友好企事业单位，打造 200 余处母婴关爱室，建设白箬铺、跳马 2 个儿童友好示范镇。2022 年新增儿童活动场所 3 238 平方米。

长沙市学校周边“爱心斑马线”工程

五、优化发展环境，筑牢儿童保护屏障

一是组建三大文明阵地。抓好青少年法治教育，形成“复兴少年宫、文明校园、文明家庭”三大阵地，助推长沙市新时代文明建设。实施乡村孩子“造梦园”工程，建设开放99所市级“复兴少年宫”、180所学校少年宫，为乡村儿童精心打造丰富的精神文化生活乐园。实施“文明校园，文明传承”工程，坚持将文明校园创建作为精神文明建设的重要抓手和有效载体，评选130所市文明（标兵）校园。实施“文明小家，温暖大家”工程，多渠道、多形式传播家教知识，引导家长强化主体责任，践行家庭美德。

二是重点推进家庭家教家风建设。成立市级家庭教育指导中心，启动10个县级家庭教育指导服务中心建设，帮助家长解决育儿困惑和问题，宣传科学家庭教育理念和知识。开设家庭教育系列微课堂，打造“特殊时期 特别家教”“相约五一云”等系列活动，引领家长与学生学习情绪管理、生活习惯养成等。试点儿童早期发展社区家庭支持项目（ECD项目），运营25个项目点，共开展主题活动157场，服务2 140个家庭。

三是加强未成年人保护与法制宣传。出台《关于建立性侵未成年人犯罪案件“一站式”取证救助工作机制的实施意见》，推动各区建立“一站式”询问救助关爱中心。开展“法治进校园”系列宣传活动，通过举办灵活多样的法治主题班会、主题团（队）日、模拟庭审等活动，大力宣传与未成年人密切相关的法律法规，着力提升未成年人法治素养。2022年共开展200余场校园法制宣传活动，发放2万余份宣传资料。创新普法形式，组建包含报刊、广播电视

媒体、移动电视、网络新媒体的普法新媒体联盟，实现地铁、公交、磁浮“万屏联播”。

世界儿童日开设儿童友好地铁专列

建设儿童友好城市，不仅在于尊重儿童需求、维护儿童权益、增进儿童福祉，更在于为人民谋幸福、为民族谋复兴、为人类谋进步。经过数年的探索和实践，长沙市建设儿童友好城市的“理念”已演变为全面铺开的“实景”，成为一种集体共识和全员行动，成为城市柔软而温润的内核。长沙市将秉持初心，持续创新理念、深化实践，勠力同心，用爱护航每一位孩子的成长，用心用情做好儿童身边的引路人、守护人、筑梦人。

广州市：多维发力
织密织牢儿童权利保障网

权利保障友好是儿童友好城市建设中最基础、最重要的一个"友好"。广州市委市政府格外重视儿童权益保障工作，构建家庭、学校、社会、网络、政府、司法"六大保护"有机融合的关爱保护工作新格局。困境儿童保障标准、机构覆盖率等多项民生指标位居全国前列，片区督导机制、困境儿童分类帮扶、救助保护未成年人保护工作站建设、困境儿童救助保护服务热线、检察关爱平台等多项"广州样本""广州经验"在全国推广。

一、加强基本生活保障，给"国家的孩子"温暖的家

孤儿是社会上最弱小、最困难的特殊群体，是最需要呵护和帮助的群体。广州市对孤儿等困境儿童的生存发展予以高度关注。一是强化基本生活兜底保障。孤儿基本生活费从 2012 年的每人每月 1 180 元提高至目前的 2 808 元，位居全省首位、全国前列。同时，率先探索服务对象扩面，将事实无人抚养儿童纳入保障范围，落实保障标准与孤儿齐平政策，让更多需要关心的孩子能够沐浴到党和政府的温暖阳光。二是增强基本医疗保障。放宽定点医院限制，拓展资金资助范围，建立兜底孤儿医疗费用机制，使孤弃儿童得到更好的医疗康复等服务。《广州市医疗救助办法》明确孤儿和事实无人抚养儿童全部纳入医疗救助范围。三是创新安置模式。建立"安

置补贴”自然增长机制，最大限度帮助孤儿成年后融入社会，儿童生存发展保障线愈发牢固。

二、构建多方关爱网络，让“两类儿童”健康成长

农村留守儿童、困境儿童问题是社会转型的阵痛。广州市持续完善工作机制和措施，构建“市—区—镇（街）—村（居）”四级联动服务保障体系和“社区专职人员（儿童督导员、儿童主任）、社工服务（政府购买社会服务）、社会力量”三重关爱保护网络，推动关爱环境优化和服务质量提升。落实“一人一档”要求，建立信息动态管理机制，实现监测预防、强制报告、应急处置、评估帮扶、监护干预等工作无缝对接。率先在全国开通困境儿童 24 小时救助保护服务热线，经过 2 年多的实践，优化升级为 12345 政务服务热线未成年人救助保护专家坐席，并与 12355 热线衔接，实现“一条线求助”。主动开展常态摸排，及时掌握“两类儿童”的监护情况和服务诉求。以市慈善会“微心愿·善暖万家”项目为抓手，常年开展困境儿童“微心愿”活动，惠及 1.6 万人次。链接爱心企业为困境儿童家庭免费办理“惠民保”商业医疗保险。开展“家社童行·家社同心”关爱儿童社区志愿服务活动，为社区困境儿童提供参观学习、伴读技巧、心声聊天等志愿服务。通过社会组织“公益创投”活动撬动社会资金 180 万元，帮助儿童解决生活困难。

2022 年越秀区未成年人保护工作宣传月
暨暖心惠童系列关爱活动启动仪式

三、多措促进融合融入，让“候鸟儿童”安心在穗

全市现有流动儿童约 45 万人，为了让城市里的“小候鸟”融入广州学习生活，广州以“积分服务”为载体，打通流动儿童入户通道。通过积分制入户广州的人员，其未成年子女可同时随迁入户广州，入户后享受与户籍儿童同等待遇，近三年来通过积分制入户广州的儿童约 2.5 万人。同时，扩大积分制入学覆盖人数，近三年约 10 万名流动儿童获得广州市公办学校学位或政府补贴民办学校学位。

以“候鸟儿童主题服务月”为抓手，组织流动儿童安全体验活动、家庭亲子活动等，增强流动儿童安全意识，提高父母与子女沟通技巧，营造良好家庭氛围。以圆梦“微心愿”为契机，发动各界慈善会及爱心人士广泛征集认领流动儿童“微心愿”，走访慰问来穗困境儿童，了解困难情况及需求，帮助 1 000 多名流动儿童圆梦“微心愿”。

2022 年“候鸟儿童主题服务月”系列活动

四、创新预防工作体系，助力残疾儿童防控康复

广州现有残疾人康复中心 1 个，全市、区定点残疾儿童康复训练机构 23 家。2020 年 6 月，成立广州市儿童综合康复中心，加大残疾儿童康复支持力度。

一是高起点谋划残疾儿童预防工作。出台《广州市残疾预防及综合干预试点工作方案》，2021 年 8 月在国内率先建成“残疾发现、报告、诊断、综合干预”四位一体的残疾预防及综合干预项目平台，形成具有广州特色的工作服务链。建成至今共接收新生儿听力筛查异常数据 1 390 条，早产儿视网膜病变异常数据 811 条。康复机构通过电话筛查、现场面诊、专家评估、康复训练、转介跟踪等方式开展残疾预防及综合干预服务，为存在高危致残风险的儿童提供个案跟进服务，有效降低致残风险。

二是创新康复服务管理手段。一方面，利用信息化手段，提高广州残疾儿童康复服务管理的智能化水平。建成全流程康复服务信息化管理平台，在“两个平台”“两个 App”均可完成服务办理、过程记录、服务质量监督、满意度评价等服务，大大减轻残疾儿童康复过程中的家庭负担。另一方面，加强对儿童康复服务对象及其照顾者的支持。对残疾儿童家属和照顾者，开设“家长课堂”，组织康复专家，通过线上线下相结合的方式开展涉及儿童康复训练、部分儿童疾病管理、儿童家庭日常保健三大方面的专业课程，全面为家长赋能。2022 年度家长课堂上线课程有 111 门。

三是创新补充性康复服务政策。将残疾儿童医疗康复项目纳入残疾儿童康复资助保障范围和签约家庭医生工作范畴，239 个涵盖

各类残疾儿童急需的医疗康复项目纳入残疾儿童康复资助范围，现有 255 家医疗机构提供医疗康复服务，将专业医疗资源引入残疾儿童康复资助工作领域，在国家基本医疗保障政策之外，有效满足了残疾儿童的医疗康复需求。2022 年度共资助 1 310 名残疾儿童享受医疗康复服务。

五、公平优质普惠发展，为特殊儿童启能护航

广州市以提供更加公平有质量的特殊教育为着力点，通过实施特殊教育提升计划，在完善特殊教育体系、创新特殊教育保障机制、推进课程教学改革等方面取得良好成效，切实推进了特殊教育高质量发展。

一是坚持儿童优先，构建有力度的体制机制和政策体系。坚持多方统筹、特教特办，形成政府主导的特殊教育服务支撑体系。在体制机制方面，广州市建立了特殊教育发展联席会议制度、特殊教育专家指导委员会以及市级听障、视障和孤独症儿童随班就读指导中心等，促进部门协同、资源共享。在政策体系方面，陆续出台一期、二期、“十四五”特殊教育发展提升行动计划等顶层制度设计，以及融合教育、转介安置、学前至高中 15 年免费教育等专项文件，全面部署特殊教育工作，逐年提升特殊教育保障力度。

二是坚持启能护航，提供有温度的保障服务。分步构建多元特殊教育网络，保障残疾儿童接受教育权利。目前全市共有 19 所特殊教育学校，每区至少 1 所，布局全面；涵盖聋校、盲校、孤独症学校、培智类学校等多种类型，体系健全。融合教育推进力度逐年加大，开展融合教育的普通学校达 1 000 所以上，残疾学生接受融合教育比例超过 50%，全市义务教育阶段残疾学生安置率达 99%。

在全国开办第一所专门招收孤独症儿童的特殊教育学校，成立了儿童孤独症康复研究中心，有效缓解孤独症儿童教育学位不足问题，促进孤独症儿童教育专业化发展。在全国首创中等职业学校“启能班”模式，解决智障和孤独症学生接受高中阶段教育的问题。率先发放营养午餐补贴，实现残疾儿童 15 年免费教育。

三是坚持内涵发展，打造有特色的特教课程体系。在落实国家三类特殊学校课程标准的基础上，大力推动特殊学校校本课程建设，构建了广州特色课程体系“羊城特课”。陆续研发了“康教融合”“孤独症儿童情绪管理课程”等校本课程体系，已实现从点到面的全覆盖发展。在融合教育方面，引入专业力量，从传统的“随班就读”探索形成“随科就读”的新模式。在天河区御景小学等学校特教班开展以学科为管理单位的个性化融合教育，一人一案，取得良好的教学效果，并逐步在其他区推广。

广州市启聪学校研学活动

六、提升基层服务能力，保障儿童安全成长

广州市率先全覆盖设立 176 个镇（街）未成年人保护工作站，并打造 11 个示范站，配齐 176 名镇（街）儿童督导员和 2 815 名村（居）儿童主任。落实到岗培训和年度轮训，落实职能部门及基层工作队伍强制报告“必修课”，提高强制报告履职意识，全市开展基层政策宣讲覆盖 3.7 万人次。创新开展片区督导工作，通过实地督导、入户走访、个案支持等方式，督导基层机构、基层儿童工作队伍履职情况，累计开展片区督导 310 次，不断提升基层队伍服务水平。依托未成年人保护工作协调机制，加强各部门未成年人数据共融共享，通过个案会商会议、发出个案线索转介督办函等方式，年均处置复杂个案 132 宗，及时介入基层“处置难”的跨部门、多问题型个案。组织开展未成年人保护系列活动 2 500 场次，服务超过 1 400 万人次，切实保障未成年人合法权益。探索未成年人保护工作站设置专人常驻服务和职能部门轮流驻站机制，加强推动问题诉求“介入在萌芽，化解在基层”。

深圳市：系统谋划
全域推进儿童友好城市先行示范

深圳市坚持从中国国情、深圳市情出发，立足本土实际，倡导从“1米高度看城市”，把儿童作为城市治理“最大公约数”和创新社会治理“小切口”，在全国率先探索出“政策支持＋建设标准＋全域推进＋儿童参与＋国际视野”一条系统性的儿童友好城市先行示范路径。2019年“深圳创建儿童友好型城市项目”荣获首届“中国城市治理创新奖优胜奖”。2021年7月，“率先创建儿童友好城市”被国家发展改革委列入深圳经济特区创新举措和经验做法47条清单，向全国推广。“深圳市建设儿童友好城市系列规划”获得2022年首届大湾区规划大奖“卓越规划奖”。

一、创新顶层设计，构建儿童友好政策支持体系

借鉴国际经验，结合深圳经济社会发展状况、人口特点、儿童群体状况等实际情况，创新研究制定并持续完善“1＋1＋2＋1＋X”儿童友好城市建设政策支持体系。2018年出台了全国首部地方性建设儿童友好城市行动纲领文件《深圳市建设儿童友好型城市战略规划（2018—2035年）》，创新提出了“建立安全、公平、符合儿童需求、适应深圳城市未来发展目标、具有全球城市人本特征的儿童友好型城市”的总目标和“建立完善的适度普惠型儿童社会保障制度、建立儿童参与的长效机制、拓展与建设儿童友好型城市

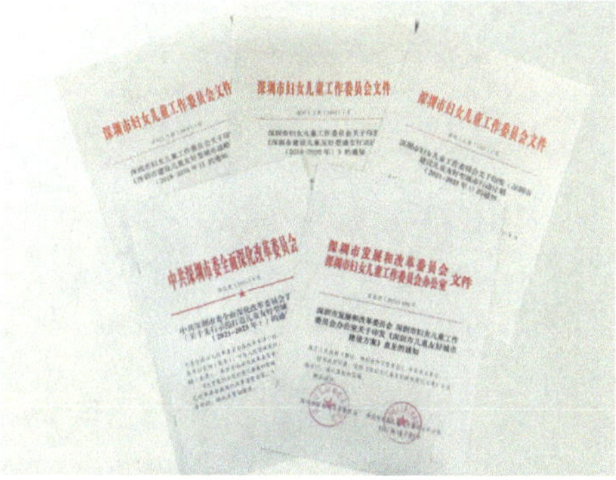

儿童友好城市建设政策支持体系

空间”三大策略体系。2021 年深圳市委全面深化改革委员会将儿童友好城市建设融入全市深化改革大局，出台全国首个地方指导性意见《关于先行示范打造儿童友好型城市的意见（2021—2025 年）》，提出完善儿童友好制度体系、空间体系、服务体系、参与体系四大体系。同时印发 2018—2020 年、2021—2025 年连续两轮行动计划，分别实施六大行动 50 个项目及四大行动 55 个项目。2022 年 10 月，印发了《深圳市儿童友好城市建设方案》，提出实施五大行动共 30 个方面的工作。在市级层面的总体部署和引领下，深圳各区及街道、企业等主动作为，纷纷制定行动计划、实施方案等，因地制宜、创新探索，在儿童友好城市建设各个领域百花齐放。

二、深化理论研究，完善儿童友好城市建设标准体系

一个对儿童友好的城市，儿童成长空间的保障至关重要。深圳将儿童友好空间建设作为儿童友好工作的切入点和突破口。一方面，选取与儿童生活息息相关的公共空间和场地设施进行适儿化改造，2017 年开展了医院、学校、社区、图书馆、出行系统、母婴室、街道七大领域的儿童友好空间建设试点，边建设边研究、边实践边总结，2018 年以来在全国率先出台儿童友好社区、学校、医院、公园、出行系统、图书馆、母婴室、儿童参与、实践基地、学前教育设施十大领域建设指引，开展儿童友好学前教育设施评价标

率先出台十大领域建设指引

准等研究，不断深化儿童友好科学化、标准化、规范化建设。另一方面，城市规划部门率先将儿童友好理念融入城市规划建设，融入国土空间总体规划，融入城市更新政策，研究制定幼儿园、基础教育、高中、医疗设施布局专项规划。在《深圳市城市规划标准与准则》动态修订中，逐步增设了社区体育活动场地、母婴室规划标准、社区儿童游戏场地、公园儿童游戏场地等内容，为儿童友好空间建设制定了刚性标准。此外，教育部门制定了全国首个《城中村学校提升实施规范》地方标准，司法部门制定了全国首个青少年普法地方标准《青少年普法工作指南》。

三、空间服务并重，全域推进儿童友好行动

加强儿童友好空间拓展和适儿化改造。从试点开始，逐步推开，持续推动各种不同类型领域的儿童友好空间建设。至今深圳已建成市级各类儿童友好基地 339 个（其中，儿童友好街道 9 个、社区 / 园区 50 个、学校 38 个 / 幼儿园 15 个 / 托育园 3 个、图书馆 23 个、医院 18 个 / 社康中心 20 个、公园 36 个、出行系统 9 个、实践基地 118 个），各类公园 1 200 多座并逐步增加完善儿童活动空间及自然教育等设施场所；儿童友好出行纳入部分慢行道改造实施中；建成 722 个社区儿童之家，实现社区全覆盖。母婴室基本实现公共场所全覆盖，并创新推广移动母婴室。此外，深圳大力推动儿童友好实践基地建设，成为在“双减”政策下增加儿童校外活动空间的重要

构成，为劳动教育、课外实践、科学体验、素质拓展等校外活动场所设施建设提供了重要载体。

深圳市福田区百花儿童友好街区

儿童友好空间——深圳机场母婴室

打造儿童友好公共服务体系。深圳致力打造无户籍地域差异、优质均衡发展的儿童公共服务体系，来了就是深圳人，来了就是深圳娃，让改革发展成果更多更公平惠及所有儿童。一是切实保障在深儿童医疗教育资源供给。医疗保险范围覆盖全体户籍儿童和本市中小学、托幼机构在册的非户籍儿童。本市户籍和符合深圳市人口管理政策的非本市户籍 3 ~ 6 岁在园儿童，按照每生每年 1 500 元标准享受健康成长补贴，每年有 20 多万名幼儿受益。二是持续推进权利保障友好。完善公益普惠儿童福利体系，儿童福利水平大幅提高，孤儿最低生活养育标准从 2016 年 1 900 元 /（人 · 月）提高至 2021 年 2 432 元 /（人 · 月），位居全省前列；建立了自然增长机制，实行一年一调。儿童福利保障对象从孤儿弃婴扩大到困境儿童，保障内容由基本生活拓展到生活、医疗、康复、教育、住房等方面综合保障。残疾儿童康复经费从 2016 年 0.76 亿元增长到 2021 年 3.2 亿元。三是儿童友好与家庭友好相融互促。全面推进“家家幸福安康工程”，研究制定先行示范推进家庭家教家风建设实施意见，开展家庭教育五年规划研究，实施传承弘扬好家教好家风五大行动。成立全省首家家庭教育法律指导工作站，创新探索启动并规范诉前《家庭教育令》发出工作。成立深圳市家庭教育研究院，组建深圳市家庭建设专家智库，为家庭发展注入新动能。选树 5 100 多户“最美家庭”，引领新时代家庭文明新风尚。连续 15 年持续深化“阳光家长”“阳光儿童”等品牌服务，服务覆盖超过 400 万人次。打造“好家成长计”家庭教育论坛，举办 7 期吸引 500 多万人次线上线下观看。出台《深圳市家教家风实践基地建设指引（试行）》，建成省、市级家教家风实践基地 21 个，实现社区家长学校 100% 覆盖。四是切实维护儿童合法权益。坚持底线思维，建设集视频监控、一键报警于一体的智慧校园安保体系和一校一警制度，中小学生普法教育率、中小学警校共建率稳定在 100%。创新打造“市、区、街道、社区”四级妇女儿童智慧维权系统，融入“平安深圳”社会治理智慧化平台，构建“一网统管、一网统防、一网统办”的全景智慧治理模式，致力实现妇女儿童维权工作全流程、全闭环、智能化服务管理。

四、加强宣传倡导，探索建立儿童参与长效机制

深圳持续开展全方位、立体化宣传，广泛普及尊重儿童权利、儿童优先原则、儿童友好理念，提高社会公众的知晓率和参与度，营造良好的社会氛围。近年来各大媒体报道340多次，其中新华社等央媒报道40多次。儿童友好理念、儿童优先原则在深圳逐渐深入人心、融入生活，形成了全社会支持和积极参与的儿童友好共建格局，儿童友好实践逐渐深入城市各个角落，成为城市的文明底色。

公交站儿童友好宣传标识

深圳高度重视儿童参与，从“1 米高度看城市”制定了儿童参与的深圳标准《深圳市儿童参与工作指引（试行）》，推动将儿童视角纳入城市治理决策体系。开展形式多样、丰富多彩的儿童参与活动，连续 4 年开通“深港澳儿童友好地铁专列”，连续 9 年举办深圳儿童国际论坛，还开展了儿童自然艺术季、儿童友好艺术节等多项品牌活动。将每年 11 月第三个星期六定为深圳“儿童友好社区日”，2020 年 340 个社区参与，2021 年、2022 年全市分别举办 659 项、638 项活动。

世界儿童日暨深圳（福田）儿童友好社区日

五、坚持开放包容，增进国际国内交流互鉴

深圳是一座年轻、开放、创新、富有活力的超大型“移民城市”，深圳建设儿童友好城市也坚持开放包容，注重国内外交流合

作，以儿童友好促进民心相通。一是积极参加国际交流合作。连续6年举办世界儿童日“点亮儿童未来”亮灯活动，用象征儿童友好的蓝色灯光点亮城市地标建筑，向全社会传递尊重儿童、关爱儿童的声音，向世界发出深圳建设儿童友好城市的承诺。2018年、2019年，分别赴印尼泗水、德国科隆参加儿童友好城市国际会议，分享深圳的实践经验，与各国参会城市进行良好的互动交流。参加2022年世界城市日全球主场活动暨第二届城市可持续发展全球大会城市儿童友好空间建设国际论坛圆桌对话，分享深圳在儿童友好空间建设方面的经验成果。二是推动粤港澳大湾区建设儿童友好城市群。2021年世界儿童日深圳亮灯活动以“湾区携手 共童成长”为主题，深圳和香港的地标建筑同时点亮，深港双城，大湾区融合发展，共同守护儿童成长，点亮儿童未来。2022年11月，深圳儿童友好城市论坛成功举办，搭建了国内儿童友好城市交流平台，促进互学互鉴，全国29个城市近40万人在线观看，主论坛开展了粤港澳大湾区城市对话，由大湾区“9+2”城市的妇女儿童工作者共同发起粤港澳大湾区共建儿童友好城市的倡议。三是持续开展跨境关爱服务。深圳多年来开展跨境学童、在深港籍儿童、外籍儿童和家庭的关爱服务项目，并积极开展儿童友好系列活动。福田、南山的跨境学童服务中心至今已服务超20万人次。在龙华成立全国首家实行第一审涉外涉港澳台家事案件集中管辖的审判中心“深圳涉外涉港澳台家事审判中心”。成立深港家庭综合服务中心，实施深港家庭服务“1+N”计划。

深圳市将抢抓“双区”驱动、“双区”叠加、“双改”示范等重大战略机遇，以先行示范标准推进儿童友好城市建设高质量发展，着重在儿童友好评价体系、儿童友好社区、儿童友好城中村、儿童友好街区、发起“一带一路”儿童友好城市联盟、举办儿童友好城市国际会议、举办儿童友好博览会等方面发力，高水平打造具有超大城市特点和国际影响力的儿童友好城市标杆，为全国儿童友好城市建设作出更多更大的贡献。

重庆市渝中区：聚焦山城特色
推动儿童友好城市建设

重庆市渝中区是重庆市的母城，具有建设儿童友好城市良好的条件和经济社会基础。近年来，渝中区深入贯彻儿童优先、儿童友好理念，坚持从“1 米高度看城市”，抢抓推进儿童友好城市建设机遇，建立党委领导、政府主导、多部门合作共建、社会广泛参与的工作机制，重点围绕打造儿童友好公共空间、全力保护儿童权益、建设儿童友好智慧场景、塑造儿童友好活动品牌等方面，积极探索儿童友好城市建设“渝中样板”。

一、突出三个坚持，完善儿童友好城市建设工作机制

一是坚持强化组织领导。成立由区委、区政府主要领导任组长的儿童友好城市建设领导小组，形成区发展改革委、区妇儿工委办牵头协调、多部门合作共建、社会力量广泛参与的工作机制，分级分类推进儿童友好城市建设。

二是坚持做好顶层设计。制定出台《重庆市渝中区儿童友好城市建设三年行动计划（2023—2025 年）》《渝中区儿童友好城市公共空间适儿化建设标准》《渝中区儿童发展规划（2021—2030 年）》等系列制度文件，推进儿童友好城市科学化、标准化、规范化建设。开展儿童发展状况和需求调研，为推动儿童保护相关立法和政策出台提供决策参考。

三是坚持多方参与共建。组建儿童友好城市专家委员会，定期开展儿童发展课题研究和儿童友好城市建设专题研讨，研制建设评估体系，开展督导监测，为儿童友好城市建设提供智力支持。积极发动辖区企业家、居民、企事业单位等关心和参与儿童友好城市建设，凝聚共建合力。

二、聚焦山城特色，打造儿童友好公共空间

一是将适儿化改造与老旧小区改造相结合。按照老旧小区改造“消隐患、补功能、提环境、留记忆、强管理”的总体要求，将适儿化改造作为完善社区配套服务功能的重要组成部分，改造过程中积极融入儿童视角，注重利用老旧小区现有空间完善儿童游乐设施。近年来，完成老旧小区改造 280 万平方米，因地制宜设置儿童组合滑梯、跷跷板、儿童秋千等儿童游乐设施，同时依托社区便民服务中心打造“渝中怡家”社区综合服务体，为儿童及其家庭提供教育、养老、医疗、文体、休闲等各类服务，目前 79 个社区已建成 48 个“渝中怡家”，有望 2023 年实现全覆盖。

二是因地制宜打造儿童友好步道。一方面，结合渝中山水城市特点，利用山城步道建设，植入儿童友好理念。选择适宜儿童步行的地面材质铺装，增加适合儿童的标识标牌和座椅等适儿化设施，在学校周边改建人车分流、安全舒适的学径路，打造适宜儿童的慢行游乐空间，近两年完成山城步道建设 19 条、共 70 余公里。另一方面，改造提升滨水儿童友好空间。充分发挥“两江四岸”滨水岸线优势，完善儿童友好设施，打造亲水步道，优化滨水空间。近年来，已完工东储段、黄沙溪段、珊瑚公园段滨水空间改造提升，精心打造滨江岸线景观 1.4 公里。

三是打造儿童友好游乐空间。利用文化旅游资源富集的优势和3D魔幻城市特点，以打造国家全域旅游示范区为抓手，先后完成洪崖洞、长江索道、印制二厂等网红景区提挡升级，打造联合国际"云端之眼"、来福士"水景连廊"观景台等新晋网红景点，推出健康之旅、浪漫之旅、时尚之旅、休闲之旅、文化之旅五条精品旅游线路，为儿童及其家庭提供高品质、多样化的旅游体验。依托鹅岭公园、红岩公园改造提升，拓展儿童游乐空间。利用社区边角地，挖掘文化特色，为儿童及其家庭提供多元化专业运动场地，并安装秋千、滑梯、跷跷板等儿童游乐设施，首批建成并免费开放社区体育公园6个。

红岩公园改造升级后的"儿童游乐区"

三、坚持以文育人，塑造儿童友好活动品牌

一是依托丰富的革命文物资源，守正创新办好"行走的思政课"。聚焦"思政课不仅应该在课堂上讲，也应该在社会生活中来讲"，精选爱国主义教育基地、革命历史文物等50余处思想政治教育资源，精心设计"千秋红岩·童心向党""热血丰碑·强国有我""人文渝中·爱我家乡"等五大主题，推出"桂园—《新华日报》总馆旧址—红岩村""抗建堂旧址—人民解放纪念碑—重庆大

轰炸惨案遗址”等10条精华研学路线。把思政课搬进老街老巷、旧址遗址、文博场馆，开展形式多样的研学活动，成为全区青少年思想政治教育的生动写照。各中小学校发挥主观能动性，以分级研发推进“一校一品”建设，形成了重庆市人民小学的“最美童年主题教育”、中华路小学的“公民行动课程”、巴蜀中学的“家国天下，青年担当”成长营等“行走的思政课”品牌。

二是依托“儿童友好社区”，开展“小小体验官”儿童友好公益活动。依托社区试点建设的儿童友好馆，在研学参展、职业体验、手工制作、技能学习、社会实践及志愿服务等方面，划分为艺术审美、独立技能、强身健体、自我防护、大开眼界五大板块。共19个具体主题，让社区6 ~ 12岁青少年儿童在假期中开阔视野，给未来的职业规划、人生规划播下期待萌发的种子。

三是利用得天独厚的历史文化资源优势，打造儿童友好主题活动品牌。开展“童心绘母城”、“传承红色基因 强国复兴有我”亲子阅读、“红岩家风进万家”、中国宋庆龄基金会“时代小先生计划”等主题活动，让青少年朋友重温“母城文化”“红色记忆”。

“小小体验官”儿童友好公益活动“艺术审美”专题

四、关注未成年人保护，全方位保护儿童权益

一是健全工作机制。成立以分管副区长为组长、30个部门为成员的区未成年人保护工作领导小组，强化协作配合，凝聚保护合力。深入推进区、街、社区三级关爱服务体系建设，设立11名街道儿童督导员、79名社区儿童主任，加强未成年人保护人才队伍建设，提升未保工作专业水平。组建由宣传部、网信办、教委、民政、妇联、文旅、新时代文明实践指导中心等14个部门构成的未成年人心理健康工作联盟，成员单位通过心理健康辅导干预、应急心理援助、心理健康知识普及、专业心理辅导和咨询、心理健康志愿服务等，推进未成年人身心健康保护工作。

二是实现保护阵地全覆盖。市、区共建重庆市“莎姐”未成年人关爱中心暨渝中区未成年人“一站式”救助工作中心，新建区未成年人保护中心1个、街道未成年人保护工作站11个、社区未成年人保护工作室79个，设立全市首个儿童之家妇女儿童维权站，打造集保护、服务、赋能于一体的未成年人权益保护阵地。

三是构建“法律＋心理”未成年人权益保护机制。积极探索社会心理服务在涉未成年人案件中的应用，通过购买社会服务聘请心理咨询师进驻法院，从庭前调查、诉中测评、判后回访全流程关注未成年人实际情况，结合案件类型，制表建档，持续跟踪，驻院心理咨询师做好“辅助家事案件审理、辅助保护家暴受害人权益、辅助开展家庭教育指导”三辅助，实现法律和心理双向保护。

四是关心关爱困境儿童。加强民政、妇联、残联、医保、教育、公安等部门数据互联共享，完善困境儿童信息台账，加强动态监测，分四大类从生活、就医、就学等8个方面实施精准救助。积

极开展“把爱带回家”“情暖童心·相伴成长”“喜迎二十大·健康送到家”“山外有城慈善进万家”等关爱活动，引入冬青社会工作服务中心针对重点儿童开展个案服务，招募志愿者担任“爱心妈妈”，与孤儿、事实无人抚养儿童实现“1+1”结对帮扶。做实“1+1+N”困境儿童帮扶项目和关爱工作，建立孤儿基本生活费发放制度，实施残疾儿童“一对一”帮扶机制。2022年投入776万元，及时保障13名孤儿、55名事实无人抚养儿童、809名低保和特困救助儿童的基本生活。

五、打造智慧场景，创新儿童友好特色服务

一是构建“1+N+X”智慧教育生态系统。该系统具体是指“1个智慧教育平台+N个共性智慧应用+X个校园个性化项目”。其中，已建成的全区智慧教育平台以5G、数据、物联网、人工智能等高新技术为核心，推动教学和管理模式创新。打造共性智慧应用系统30余个，包括教育地图、智慧党建、新高考管理、德育管理、精准教学系统、智慧研训平台等。同时，在推动智慧校园建设中，因地制宜结合校园特色设置校园个性化项目。全区教育智慧化整体环境逐步建立，区域智慧教育硬件水平进一步提高，智慧教育校园试点建设初见成效。

二是全方位提供智慧文旅服务。推出“扫码阅读母城渝中”微信小程序，手机扫描二维码即可获取渝中149处文物的中英文图文介绍和语音讲解，文物的前世今生不但可以“看见”，还能“听见”。推出“一键游渝中”智慧文旅平台，集结“游前必备”“渝中印象”“交通出行”“游玩助手”四大板块功能，享受智能行程规划、语音导览、周边景点推荐、智能客流预警、5G旅游体验等沉

浸式便捷服务，让儿童及其家庭旅游享受更加舒心。

经过探索实践，渝中区儿童友好城市建设工作已取得阶段性成效，儿童的获得感、幸福感和安全感不断提升。一是儿童友好工作机制日趋完善。成立领导小组，同时组建不同管理部门构成的工作专班，与教育部学校规划建设发展中心和重庆第二师范学院共建的重庆市儿童友好城市研究所、重庆市设计院等智囊机构加强合作，形成多部门合作共建、社会力量广泛参与的工作机制。二是儿童发展空间环境持续优化。抢抓全国首批城市更新试点机遇，制定《渝中区城市更新试点实施方案》，将适儿化改造纳入老旧小区改造、山城步道建设内容，设置社区儿童“微空间”，创建公共领域的儿童游戏空间、阅读空间、科创空间、运动空间，抓好智慧教育、智慧社区、智能社保、智能交通等应用。三是儿童权益保障日益加强。全力关爱孤儿、事实无人抚养儿童、困境儿童、残疾儿童，形成了“区、街道、社区”三级儿童工作网络。加大维权力度，全区法制副校长配备率达100%，建立未成年被害人“一站式”询问、救助机制，有效预防和控制未成年人犯罪。

下一步，渝中区将坚持从“1米高度看城市”，将儿童优先理念贯穿于经济社会发展全过程和各方面，结合渝中独特的区位优势，以及人口结构、文化资源、产业布局等基础条件，以建成高质量发展、高品质生活新范例为统领，进一步完善儿童政策体系、提升儿童成长空间、优化儿童公共服务、改善儿童发展环境，推动实现“儿童友好，渝中更美好”发展愿景。

成都市：公园城市对儿童更友好
儿童在公园城市更快乐

成都市是四川省省会、副省级城市、成渝地区双城经济圈核心城市，国务院批复同意的建设践行新发展理念的公园城市示范区。第七次人口普查数据显示，成都常住人口中18岁以下儿童有322.78万人。为进一步优化成都儿童成长环境和人口结构，提升城市生活品质和幸福感，成都市将儿童友好理念融入建设践行新发展理念的公园城市示范区，重点聚焦空间友好、公共服务友好、环境友好，紧紧围绕“公园城市对儿童更友好，儿童在公园城市更快乐”主题主线，初步探索形成儿童友好公园城市建设成都路径，绘制了公园城市儿童幸福底色，实现了儿童在公园城市里更加健康快乐地成长。

一、推进公共空间建设，着力塑造公园城市儿童友好场景

成都市兴隆湖公园内的儿童艺术馆

成都市充分利用公园城市生态本底优势，坚持在实施城市新建项目、城市更新和老旧小区改造项目过程中，融入儿童友好理念，在生态优先的原则下，强化城市公园的社会服务功能，以“1米视角”推进

儿童友好公共空间建设及改造，塑造公园城市儿童友好场景。

一是建设与“口袋公园”、小游园、微绿地相融的儿童友好公园社区。充分利用“金角银边”提升打造社区周边的小游园、微绿地，把“口袋公园”、小游园、微绿地建在社区，并通过儿童友好步道串联，既能让孩子们安全步行到达自己的开心乐园，又能充分实现公园与社区融合。目前全市已打造儿童友好幸福场景 314 个，全市 23 个社区完成了公园社区与儿童友好社区融合建设。新都区桂东社区在老旧小区改造中，充分利用闲置的国有资源改造社区综合体和“树袋熊的家”儿童主题活动中心，并在“金角银边”增设小游园和微绿地，社区儿童参与设计和打造，并取名为“树小熊花园”，还在花园围墙上设置“小猫走的路”，打造了满足儿童天性的儿童友好幸福场景。

二是建设与生态本底相融的儿童友好景观。为了满足儿童成长需求，方便家长陪伴孩子在公园开展自然探索、社会认知、体育运动等亲子活动，以尊重原始地貌、景观为原则，在城市公园打造儿童友好景观场景，重点配备功能全面、业态融合、特色新颖的母婴室、家庭卫生间、儿童安全游乐设施等。东部新区龙马湖公园、高新区桂溪生态公园等 18 个儿童友好乐园均实施了适儿化改造，在成华区杨柳公园、龙泉驿区奶牛公园等 7 个公园布局点状堆坡造型，并精准植入儿童艺术乐园，提升了儿童及其家长在公园里的亲子游憩体验。

三是建设与公园相融的儿童友好课外活动空间。自实施“双减”后，为了给孩子们提供良好的课外活动阵地，成都充分利用公园城市生态本底，建设与公园相融的儿童课外活动场所。在天府艺术公园建设体现儿童友好理念的天府人文艺术图书馆，建设了 1 万余平方米的儿童阅读与活动中心，设置了亲子中心、绘本迷宫、小小剧场等。自 2022 年 4 月开馆以来，依托“阳光课堂”“品天府文化”“探索科学奥秘”等阅读活动品牌，举办儿童阅读活动 50 余场，参与儿童 2 330 余人次。在兴隆湖公园儿童游乐区旁边建设儿童艺术馆，常年开展儿童绘画、儿童音乐、儿童文创等与儿童有关的展览与活动。武侯区水韵园把课外教育基地建成集红色教育、科普实验、体育运动、社会实践于一体的儿童友好公园。

成都天府人文艺术图书馆少儿阅读区

四是建设与郊野公园相融的劳动教育实践基地。成都充分发挥川西林盘绿色田园的本底优势，以“景观化、景区化、可进入、可参与”的理念，建设儿童友好郊野公园，实现了儿童劳动教育实践与郊野公园建设相融合，孩子们既可以在郊野公园体验插秧、采果、种菜等传统农耕文化，又可以在现代农业产业园开展农业科技研学实践；既能在家庭农场饲养小动物，又能在农业产业车间了解食物如何加工。此外，成都还推出了儿童友好研学地图，涉及家庭教育、劳动实践、红色教育、国防教育等200余个点位，全方位为儿童提供劳动教育、社会实践服务，其中以郊野公园为特色的劳动实践场所有33个。

专栏　中国天府农博园丰富儿童友好研学场景

建设在新津区中国天府农博园中的天府农博岛是集农商文旅体科教于一体融合发展的现代农业公园，为儿童及其家庭打造了研学农田、农业研学教学、智能化良种繁育中心和农博主展馆G4·农耕博物馆四大沉浸式研学场景，为儿童开设了劳动实践岗，儿童可通过参加农耕研学活动，寻味农耕、体验农事劳动实践，学习了解天府特色农耕文化。

中国天府农博园亲子研学活动

二、提供良好的公共服务，提升儿童在公园城市的幸福质感

成都在打造高品质生活宜居地的过程中，全面融入儿童友好理念，明确提出加强街区、社区、道路、公共服务设施和场地适儿化改造，推动公共场所建设母婴室、儿童厕所及洗手池、儿童休息活动区。在社区服务中心、社区用房、文化活动中心、文化活动站、社区综合体等城市公建配套的相关技术导则中明确儿童友好无障碍相关技术要求，并在与儿童发展密切相关的社区、学校、医院、图书馆、博物馆等开设促进儿童健康成长的服务项目，不断提升公园城市儿童的幸福质感。

一是立足社区把儿童友好服务送到家门口。一方面，完善社区服务儿童的设施，在进一步推进“儿童之家”建设提挡升级的同时，结合解决当前普遍反映的托育难问题，在符合开展托育服务条件的社区综合体推进“蓉易托”社区智慧托育中心试点，夯实社区服务儿童基础，还特别将“托育服务设施”纳入 2022 年 601 个老旧院落提升类改造内容。目前，全市有 10 个“蓉易托”试点项目全面完成建设。另一方面，利用“儿童之家”服务阵地，为广大家庭提供在家庭教育指导、亲子关系建立、儿童心理疏导、儿童社会实践、儿童劳动实践等方面的服务。近年来，成都市连续开展四届优秀儿童服务项目评选，评选出烫烫小怪兽儿童防烫伤项目、“杏儿”计划未成年人防性侵项目、红伞护童儿童交通安全、童萌亲子园等 76 个品牌项目，并推动下沉社区服务儿童。

成都市温江区杏林社区儿童食育课程

二是立足儿童友好单位建设提供符合儿童天性成长的公共服务。在儿童友好学校建设上，除了均衡配备优质教育资源，成都市各中小学校下午放学延时的文化、体育、科普等课外活动已在全市推行，同时为了体现特色，各学校根据本区域的资源特点，还开辟了特色课外服务项目。2022 年成都市推出儿童友好建设学校 51 个。成都市草堂小学通过“周末诗意成长营”和非物质文化“清音”进校园丰富学生文化生活，温江区花都小学与四川农业大学联动，在学校教学楼顶露台开辟“开心农场”，孩子们以班级为单位在“开心农场”认领菜地，还可以捉蚯蚓、抓瓢虫。

成都市第十一幼儿园木工体验课程

在儿童友好图书馆和博物馆建设上，为了让孩子们接触到更多的课外知识，全市 23 个图书馆均建设了儿童阅览区，博物馆专门为儿童参加志愿服务、文化研学活动提供平台。成都市博物馆实施“周末儿童博物馆”项目，在周末为儿童开设专场。金沙博物馆、武侯祠博物馆等常态化开展儿童公益研学活动，每个博物馆每年至少开展儿童文化研学实践活动 100 场。

在儿童友好医院建设上，不仅配备满足儿童身心健康需求的医疗设施，强调提升保障儿童健康的专业能力，还开设特色服务儿童科室。2022 年推出 5 个儿童友好医院试点。成都市妇女儿童中心医院的小儿外科为了减轻儿童手术的恐惧心理，专门开设了儿童游戏辅助项目，通过游戏减轻儿童的痛苦。彭州市妇幼保健院结合家长需求，建立了托育服务中心。青羊区骨科医院专门开设了儿童骨科，是全省唯一开设儿童专业骨科的医院，充分考虑儿童的心理健康需求，既开设游戏辅助项目，还通过为就医儿童开生日派对、举办“六一”儿童节、国庆节等特色活动，营造儿童友好氛围。

三是坚持为困境儿童提供人性化的关怀。在建设儿童友好城市的过程中，围绕儿童友好权利保障，坚持把困境儿童放在心上。从政策保障、服务提升、关心关怀等各方面入手，把孤儿、事实无人抚养儿童和困境儿童纳入全额自助参保救助对象范围，将残疾儿童康复救助的年龄范围扩大到 0 ~ 15 岁，并实现“应救尽救”。鼓励公办机构开展儿童康复业务，提升残疾儿童康复水平，让每一个儿童的生存、发展、受保护和参与权得到保障。2022 年为 3 821 名 0 ~ 6 岁残疾儿童提供了康复手术、康复训练、辅具适配等康复救助补贴，为 2 602 名 7 ~ 15 岁残疾儿童提供康复救助，全市累计发放特殊群体儿童生活补贴 3 800 万元。

三、优化社会环境，让儿童参与公园城市治理

成都市坚持践行“人民城市人民建，人民城市为人民”理念，以“服务一个儿童、联系一个家庭、凝聚群众力量”有效推动建立

人人有责、人人尽责、人人享有的社会治理共同体，不断增强公园城市治理效能。

一是凝聚家庭共同参与力量。通过持续打造服务品牌，进一步丰富红色教育、家庭教育、亲子活动、科普教育、儿童公益、儿童研学等活动内涵，为儿童营造良好社会环境，并通过小手拉大手，促进社区邻里和谐，凝聚家庭力量。从 2021 年底开始，每月围绕儿童艺术、传统文化、公园城市、低碳环保等不同主题，创新打造“蓉城幸福家·儿童友好义集”品牌活动 14 场，近万个亲子家庭参与现场活动，共 78 家社会组织在活动现场为儿童提供性教育、应急救护、防烫伤、城市防拐、艺术、运动、非遗文化体验等专业的互动活动，100 余家单位和企业积极参与活动筹备，共计收到儿童义卖捐款近 2.6 万元，并全部用于帮扶困境儿童。成都市已连续 4 年举办家庭教育高峰论坛，线上线下共吸引 10 余万名家长积极参加。

“蓉城幸福家·儿童友好义集”活动

二是鼓励社会力量积极参与。社区品牌服务项目是吸引儿童及其家庭参与社区活动的重要因素。为了提升服务社区的质量及专业化水平，激发儿童友好社区发展活力，成都市通过在社区培育儿童友好社会企业、建立社区发展微基金，搭建社区与社会组织、社会工作者、社区志愿者、社会慈善资源联动推进儿童友好社区建设的机制。2021年以来，成都市已培育400余家妇女儿童类社会组织，并策划推出1 600余个儿童友好公益项目下沉社区服务儿童，有7家社会组织转化为社会企业，有条件的社区通过建立社区发展微基金，实现社区自我造血功能，为儿童提供服务保障。

专栏 麓湖社区发展基金会为儿童友好献力量

四川天府新区麓湖社区以社区发展基金会为依托，积极发动辖区企业家、居民、企事业单位等主体多方筹集资金。自2019年成立以来共筹集资金1 718.16万元，其中62万元专门用于实施“儿童友好社区计划”。举办“iSTART儿童艺术节”、开展儿童水域安全卫生营活动、交通安全营活动等。接受捐赠50万元，单独设立“视界美好”儿童专项基金关爱视障儿童。同时，麓湖社区发展基金会还实施了儿童友好志愿服务队伍培育计划，为全市有服务社区儿童的自组织提供指导。

三是鼓励儿童大胆表达愿望，参与公园城市治理。通过开展“红领巾小提案”活动等鼓励儿童表达自身发展诉求。目前，成都已在789个社区建立了儿童参与机制，全面推行每个社区每年至少开展1次儿童参与活动。连续3年开展“红领巾小提案”活动，累计征集提案2 000余份，推动红领巾公交站、红领巾斑马线、红领巾“鸟岛”等优秀红领巾小提案落地实施，逐步形成儿童参与“调研提出提案—协商推动落实—实施结果评价”全过程机制。

专栏 郫都区凉水井社区线上线下齐行动鼓励儿童积极参与

郫都区凉水井社区探索为儿童提供参与社区服务和社会事务的路径，通过线上线下齐行动，制定参与规则、开展多种类型主题活动，并与融媒体中心合作开设FM96.5少儿天地——儿童有声电台，影响了儿童个体和家庭、社区的积极转变，吸引了越来越多的儿童加入。通过“红领巾小提案”活动征集的《在城市公园里建设“鸟岛”，为儿童打造观鸟空间的提案》，得到市委、市政府的重视。在复地金融岛江滩公园成功打造了“红领巾‘鸟岛’”，为儿童观察和学习不同鸟类的特点开辟了空间。同时，还为儿童在家长们的带领下参与巡河、护鸟等志愿服务提供支持，通过观鸟护鸟活动、志愿服务活动、鸟类科普活动等，培养孩子们爱护自然环境、树立“人与自然是生命共同体”的理念，在儿童心中厚植生态文明思想。

郫都区凉水井社区FM96.5少儿天地电台

兰州市：聚焦公共服务“一米阳光”打造儿童友好幸福城市

兰州市以省会城市的“头雁担当”，扎实推进儿童友好城市建设，努力为儿童提供优质公共服务，打造儿童公共服务“一米阳光”。坚持“儿童优先、探索创新、分步推进、凝聚合力”的基本原则，将儿童优先的理念贯穿在经济社会发展的全过程和各方面，努力让每个儿童都能在托育、教育、医疗等领域享受高质量公共服务，为儿童健康茁壮成长保驾护航。

一、大力构建普惠托育服务体系，更好实现幼有所育

一是完善托育政策服务体系，强化托育服务供给。2022 年全市出台《兰州市“一老一小”整体解决方案》，明确托育工作的目标任务、实施步骤、推进措施。建立托育服务健康发展联席会议制度，对 24 个成员单位进行具体分工，搭建了以政府领导、行业部门牵头、相关部门协作参与的工作机制，以家庭为主、托育补充的托育服务政策体系正在逐步形成并完善。积极探索在新建住宅区规划、建设与常住人口规模相适应的婴幼儿照护服务设施及配套安全设施，支持符合条件的民营企业建立托育服务机构，加快推动公立托育机构发展，有效提升社会参与度和积极性。大力支持用人单位设置育婴室、母婴室等，为婴幼儿照护创造便利条件。力争到 2025 年全市新增托位 2 万个，每千人口托位数达到 4.5 个以上，其中普

惠托位数达60%以上，每个县区建设1～3个示范性普惠性（公立）托育机构，婴幼儿照护服务设施覆盖所有城市社区和乡镇。

二是制定托育服务规范标准，激励托育机构争先创优。由行业部门牵头，制定托育服务规范标准，加强综合监管，推动托育服务规范健康发展，整体提升全市托育服务能力建设。积极开展省市级示范试点托育机构创建活动，加大财政支持力度，对符合条件的托育机构给予3 000～5 000元的婴幼儿用品和设备支持。不断增强托育机构对于儿童常见病预防保健能力，按标准配备托育机构卫生保健人员和必要保健设备。在全市范围内开展示范单位评比，经过实地检查，对托育机构软件、硬件各方面进行评估，评选市级示范单位和试点单位，通过评比、挂牌激励托育机构争先创优，在全市营造良好的竞争氛围。

托育中心通过游戏、读书形式对幼儿开展启蒙

二、推进基础教育高质量发展，充分满足儿童成长发展需要

一是促进学前教育普及普惠。着力构建覆盖城乡、布局更加合理、更有质量的学前教育服务体系，通过新建、改扩建、小区配建、企事业办园移交等方式，提高在公办园就学的儿童占比。鼓励标准化、普惠性幼儿园发展，按照相关标准给予补贴或购买学位。注重提高学前教育质量，坚持依法治理，规范办园行为，制定办园标准、师资标准、经费标准等，实现依标管理，提升学前教育保教质量。科学推进幼小衔接，注重学前教师综合素养提升，健全幼儿园评价体系，开展城乡结对帮扶，促进幼儿的身心健康、习惯养成和智力发展。

二是推动义务教育均衡发展。全面推进素质教育，落实立德树人根本任务，着力培养学生的道德品质、学习兴趣，培育学生的健康体魄。加大控辍保学力度，严格落实义务教育免试就近入学政策。全力保障外来务工人员随迁子女就学权益，全面落实公办民办学校同步招生政策，保障流动人口随迁子女、残疾儿童少年同等接受义务教育。2022 年新建、改扩建 10 所中小学幼儿园，新增学位 1.2 万个。推广义务教育阶段学区化、集团化办学模式，实现学区和集团内课程、教师、设施设备等优质资源共享。通过探索实行教师乡村服务期制度、城乡学校同步课堂、名师在线等优质资源共享，补齐乡村教育发展短板。实施同一区域同类学校一体化办学，实行“联校办学”“联片办学”“集团化办学”“名校办分校”，办学体内“七统一”，即统一教学管理、教师交流、教研跟进、招生入学、质量监测、评价指导、实践活动，有效带动薄弱学校、农村学校发展。

三是推进高中教育优质化、特色发展。科学完善高中教育分类布局，实施分类建设、分类评估、特色发展。建设一批示范性高中，侧重于为高校培养和选拔人才；建设一批标准化高中，满足区域内适龄人口高中阶段教育需求；建设一批特色高中，满足有潜力、有特长学生个性化发展需求。积极开展“双新”示范区建设，深化教育评价、推动普通高中育人方式改革，实现普通高中学生全面而有个性的发展。制定工作方案，扎实开展新课程培训，积极开展“双新”课题研究，按规定开齐课程、开足课时，打造普通高中课程育人新样态。坚持五育并举，每所普通高中既有文化生，又有音体美特长生，既专业又特色。

四是开展儿童心理健康教育。针对学生心理问题频发的现象，启动兰州市中小学心理健康教育提升工程项目，在西北师范大学揭牌成立兰州市心理健康教育培训基地，系统开展中小学师生心理健康普测、心理健康教育教师及班主任心理健康教育资质晋级认证和培训、编印本土化中小学心理健康教育教材等工作。实施“双心”工程，成立4个中小学心理健康教育工作坊，组建兰州市中小学心理援助工作组，开展线上心理健康教育专题讲座，投放录制线上心理微课，组织心理健康教师系统参加培训，持续开通全市中小学“兰老师”心理热线与网络服务平台。推进全市疫后社会心态建设，着力培育心灵美好、心理健康的“黄河少年”。

五是着力提升特殊教育发展水平。高度重视特殊教育发展，安排专项资金，努力改善特殊教育办学条件。提升特殊教育指导中心服务能力，保障全市特殊教育工作的开展。推动普通中小学教师的特殊教育专业素养提升，完善“以随班就读为主体、特教学校为骨干、附设特教班为补充、送教上门为突破”的特教发展体系。

心理健康教育课堂

三、积极推进儿童友好医院建设，用心保障儿童健康成长

儿童健康是全民健康的基础，是经济社会可持续发展的重要保障。为进一步提高全市儿童健康水平，兰州市始终坚持把儿童健康放到优先发展战略上，全方位、全周期维护和保障儿童健康，确保全市儿童享有优质医疗健康服务，促进儿童友好城市建设。积极探索打造儿童友好医院，多渠道筹措资金，推动兰州市妇幼保健院异地新建，旨在提升整体医疗服务水平，尊重儿童权益，保障患儿身心健康。

在设计阶段，多方咨询并听取专家意见，充分考虑儿童群体的特殊性，以儿童的视角规划和建设医院。在诊疗和健康服务中充分满足儿童权益与需求，创造保障患儿安全就医的物质和人文环境。

儿童友好医院的建设将为儿童提供更优质的医疗服务，计划在预防保健、健康监测、科研流调和健康教育等公共卫生服务的学科建设上加大投入力度，更好地对三县五区妇幼保健机构、社区卫生机构、托幼机构妇幼卫生保健工作进行业务指导、技术培训和监督管理，整体提升全市妇幼保健服务水平。

下一步，兰州市将进一步树立“为儿童创建、请儿童参与、让儿童受益”理念，通过打造一批适儿化项目，建设一批标准化基本单元，培养一批专业化人才队伍，不断增强儿童友好城市建设氛围，努力为儿童友好城市建设提出“兰州方案”、打造“兰州样本”，在“两个先行”中展现头雁风采，带动全省其他地市（州）加快儿童友好城市建设，为儿童营造更加美好的明天。

·发展展望篇·

儿童友好 一起向未来

“1 米高度看世界”，儿童友好正当时。在全面建设社会主义现代化国家新征程上，城市正成为越来越多儿童拔节孕穗、向阳生长的重要外部环境。当下，儿童友好城市建设被写入国家“十四五”规划纲要，在全国各地加快实施落地，呈现出蓬勃发展态势。展望未来，儿童友好城市建设将面向新征程新使命，引领儿童事业发展踔厉奋发、勇毅前行，绘就以儿童友好引领全龄友好、以儿童工作高质量发展推动城市高质量发展的美好画卷。

一、迈上儿童友好崭新征程

新征程上，要因时而进勇担当。习近平总书记强调，“各级党委和政府、全社会都要关心关爱少年儿童，为少年儿童茁壮成长创造有利条件”。儿童成长成才不仅是一个长期过程，更具体地指向国家和民族发展，儿童友好事关我国长远发展和民族伟大复兴。要奋力谱写新时代儿童友好城市绚丽华章，让儿童友好蔚然成风，让中国特色社会主义事业薪火相传。

新征程上，要奋楫扬帆破浪行。百舸争流，奋楫者先。面对广大儿童在“幼有所育”“学有所教”“弱有所扶”等方面日益增长的美好生活需要，各地要坚持问题导向，在解决“急难愁盼”中打造民生升级版，因事而化，让广大少年儿童获得感成色更足、幸福感更可持续、安全感更有保障，努力建设具有世界影响力的儿童友好城市。

新征程上，要乘势而上开新局。儿童友好城市建设是我国进入新发展阶段后，城市发展面临的新任务，也是一项长期工作，将贯穿中国式现代化全过程。要在建设中坚持“致广大而尽精微”，着眼于社会主义现代化建设全局、中华民族伟大复兴大势、中华民族永续发展长远视野，着手于精微小处，出实招、办实事，把过程的各环节、各方面做扎实。

二、谱写儿童友好绚丽华章

做好“点”的功夫。充分发挥地方政府主动性和积极性，在全国选取改革意愿强、经济基础实、建设条件成熟的100个左右城市先行先试，为儿童友好城市建设积累经验、蹚出路子。对于不具备整体建设条件的城市，鼓励从儿童友好社区建设起步，从儿童友好学校、医院、公园、图书馆以及母婴室等做起，以点带面为整体建设夯实基础。

做好“面”的扩散。注重提炼总结共性制度建设、标准构建成果，将其上升为区域性、全国性制度安排，以便在更大范围内复制推广。在一些城市群内部，要通过中心城市、大城市的儿童友好城市建设和探索，为城市群内其他城市的相关建设提供经验借鉴，推动好做法好经验的传播扩展，塑造中国儿童友好城市的城市品牌和区域特色。

做好顶层设计。国家“十四五”规划纲要将儿童友好城市建设列入重大工程。国家发展改革委会同22个部门研究制定《指导意见》，为全国范围内儿童友好城市建设架梁立柱。国家发展改革委、住房和城乡建设部、国务院妇儿工委办公室联合印发《城市儿童友好空间建设导则（试行）》，为各地儿童友好空间建设提供了参考指导。要进一步发挥中央统筹指导作用，做好系统谋划，自上而下深入推进儿童友好城市建设。

做好实践探索。实践中，一些地方相继推出扎实建设举措，儿童友好城市建设呈现出次递推进的发展势头。如深圳市印发全国首个建设儿童友好城市地方指导性意见，菏泽市出台全国首部儿童友好城市建设地方立法等，积极探索创新。要充分调动地方建设积极性、激发城市创新活力，对建设成效突出的地方予以引导激励支持，形成自上而下与自下而上的合力。

三、共筑儿童友好光明未来

立足国情，肩负大国使命责任。作为《儿童权利公约》缔约国，不断实现好、维护好、发展好广大儿童权利，是我国肩负的大国责任。面对当今世界百年未有之大变局，要立足国情和发展实际，探索中国特色儿童友好城市建设路径模式，以务实行动更好地回答中国之问、世界之问、人民之问、时代之问，全面保障儿童生存、发展、受保护和参与的权利，不断为实现中华民族伟大复兴和建设人类美好未来贡献力量。

面向世界，讲好中国精彩故事。着力打造中国特色儿童友好城市建设精品样板，积极参与国际儿童友好城市建设交流活动，向全世界精彩讲述中国故事、发出中国声音、展示中国形象，以经验分享助力解决全球儿童发展面临的共同问题，为全球特别是广大发展中国家提供重要借鉴参考。强化对外交流，提升中国儿童友好城市国际影响力，为全球儿童友好事业提供中国经验、贡献中国智慧。

走向未来，促进民心相通相融。秉承世界眼光，结合“全球发展倡议”和“一带一路”建设，积极走出去，支持有条件的城市发起和参与“一带一路”儿童友好城市联盟，开展领域广泛、内容丰富、形式多样的人文交流与合作，增进各国民众对中国儿童友好城市的了解与友谊，让具有中国特色的儿童友好城市建设成为促进民心相通相融的“国家名片”。

道阻且长，行则将至；行而不辍，未来可期。相信在全社会共同参与、共同关注、共同推进下，儿童友好城市建设一定会成为更加丰厚的土壤，为希望的种子茁壮成长提供全方位支撑。在以中国式现代化推动中华民族伟大复兴进程中，我们坚信“儿童散学归来早，忙趁东风放纸鸢”的美好场景一定能够在城市的各个角落缤纷绽放。

· 附　　录 ·

关于推进儿童友好城市建设的指导意见

发改社会〔2021〕1380号

各省、自治区、直辖市人民政府，新疆生产建设兵团：

儿童友好是指为儿童成长发展提供适宜的条件、环境和服务，切实保障儿童的生存权、发展权、受保护权和参与权。建设儿童友好城市，寄托着人民对美好生活的向往，事关广大儿童成长发展和美好未来。为落实党中央、国务院决策部署，推进儿童友好城市建设，让儿童成长得更好，经国务院同意，提出以下意见。

一、总体要求

（一）指导思想

坚持以习近平新时代中国特色社会主义思想为指导，全面贯彻党的十九大和十九届二中、三中、四中、五中全会精神，坚持以人民为中心的发展思想，坚持以立德树人为根本，坚持儿童优先发展，从儿童视角出发，以儿童需求为导向，以儿童更好成长为目标，完善儿童政策体系，优化儿童公共服务，加强儿童权利保障，拓展儿童成长空间，改善儿童发展环境，全面保障儿童生存、发展、受保护和参与的权利，让儿童友好成为全社会的共同理念、行动、责任和事业，让广大儿童成长为德智体美劳全面发展的社会主义建设者和接班人，不断为实现中华民族伟大复兴的中国梦贡献力量。

（二）基本原则

——儿童优先，普惠共享。坚持公共事业优先规划、公共资源优先配置、公共服务优先保障，推动儿童优先原则融入社会政策。坚持公益普惠导向，扩大面向儿童的公共服务供给，让广大适龄儿童享有公平、便利、安全的服务。

——中国特色，开放包容。立足国情和发展实际，促进儿童参与，探索中国特色儿童友好城市建设路径模式。结合推进“一带一路”建设，坚持世界眼光，借鉴有益经验，强化交流互鉴，以儿童友好促进民心相通。

——因地制宜，探索创新。适应城市经济社会发展水平，结合资源禀赋特点，因城施策推进儿童友好城市建设。鼓励有条件的城市改革创新，先行先试，探索建设模式经验，积极发挥示范引领作用。

——多元参与，凝聚合力。坚持系统观念，强化儿童工作“一盘棋”理念，发挥党委领导、政府主导作用，健全完善多领域、多部门工作协作机制，积极引入社会力量，充分激发市场活力，形成全社会共同推进儿童友好城市建设的合力。

（三）建设目标

到 2025 年，通过在全国范围内开展 100 个儿童友好城市建设试点，推动儿童友好理念深入人心，儿童友好要求在社会政策、公共服务、权利保障、成长空间、发展环境等方面充分体现。展望到 2035 年，预计全国百万以上人口城市开展儿童友好城市建设的超过 50%，100 个左右城市被命名为国家儿童友好城市，儿童友好成为城市高质量发展的重要标识，儿童友好理念成为全社会共识和全民自觉，广大儿童享有更加美好的生活。

二、推进社会政策友好，推动全社会践行儿童友好理念

（四）推动儿童优先发展。制定城市经济社会发展规划优先考虑儿童需求，推进公共资源配置优先满足儿童需要。健全推进儿童优先发展工作协调机制，重点在政策协调、资金投入、项目实施等方面形成合力。在城市发展重大规划、政策、项目决策中引入儿童影响评价。探索应用数字化手段创新儿童工作方式方法。

（五）城市规划建设体现儿童视角。引入“1 米高度看城市”儿童视角，推进儿童友好理念融入城市规划建设。制定城市各类儿童友好空间与设施规划建设标准，完善城市功能布局，优化公共空间设计，推进城市建设适应儿童身心发展，满足儿童服务和活动需求。

（六）推动儿童全方位参与融入城市社会生活。建立健全儿童参与公共活动和公共事务机制，畅通儿童参与渠道，涉及儿童的重大事项事先听取儿童及监护人意见。在制定社会政策、发展公共服务中尊重儿童的独立人格，全面保障儿童在社会生活、社区发展、家庭事务中的知情权、表达权和参与权。

（七）发动全社会力量共同致力儿童发展。坚持以普惠为导向，鼓励政府、企事业单位、家庭和个人参与，整合全社会资源增进儿童福祉。积极培育为儿童服务的社会组织、专业社会工作者、少先队校外辅导员和志愿者队伍，发展儿童公益慈善事业。

三、推进公共服务友好，充分满足儿童成长发展需要

（八）支持发展普惠托育服务。鼓励支持企事业单位和社会组

织、社区等提供普惠托育和婴幼儿照护服务。探索实施父母育儿假制度，加强家庭科学育儿指导服务。

（九）促进基础教育均衡发展。完善普惠性学前教育保障机制，进一步提高普及普惠水平，严格落实城镇小区配套幼儿园政策，补齐资源短板，提高保教质量。完善义务教育免试就近入学制度，精准做好控辍保学，保障流动儿童平等接受教育权利。加强特殊教育资源建设，“一人一案”做好适龄残疾儿童入学安置。落实政府举办义务教育的主体责任，强化学校教育主阵地作用，提高学校课堂教学质量，全面压减作业总量和时长，提升学校课后服务水平，全面规范校外培训行为，进一步减轻义务教育阶段学生作业负担和校外培训负担。开展儿童友好学校建设。

（十）加强儿童健康保障。关注生命早期 1 000 天健康保障，加强婚前、孕前、孕产期保健和儿童早期发展服务。推进实施出生缺陷综合防治、母乳喂养促进行动，提高优生优育服务水平，建设母婴友好医院。建设儿童保健服务网络，做好儿童健康管理，规范预防接种和防治龋齿，降低近视及肥胖发生率。关注儿童心理健康，开展儿童生命教育、性教育，培养珍爱生命意识，提升自我情绪调适能力。

（十一）服务儿童看病就医和医疗保障。以儿童医院、妇幼保健机构、综合医院儿科、乡镇卫生院、社区卫生服务中心为重点，以儿科和儿童保健科为支撑，加强儿童医疗服务网络建设，提供优质诊疗服务。加强新生儿科等儿科医师培训，完善相关人才发展激励机制。强化基本医保、大病保险与医疗救助三重制度综合保障功能，做好儿童基本医疗保障工作。开展儿童友好医院建设。

（十二）丰富儿童文体服务供给。合理规划文体设施布局和功能，推进图书馆、文化馆、美术馆等向儿童免费开放，推动有条件的公共体育设施向儿童低收费或免费开放，组织面向儿童的阅读推广、文艺演出、展览游览等活动。制修订面向儿童的体育设施器材等标准，加强儿童体质监测，丰富儿童体育赛事活动，加强从业人员队伍建设。

四、推进权利保障友好，完善公益普惠儿童福利体系

（十三）关爱孤儿和事实无人抚养儿童。深化孤儿助医助学项目，探索推进事实无人抚养儿童助医助学，优化完善社会散居孤儿、事实无人抚养儿童家庭走访、监护评估、家庭培训和监护保护制度。完善儿童收养登记管理，推进实施收养评估制度。推进儿童福利机构优化提质，支持建造家庭式居所，推广家庭式养育模式。

（十四）推进残疾儿童康复服务。协同推进儿童残疾预防、早期筛查、诊疗康复，鼓励有条件的地方扩大残疾儿童康复救助项目及年龄范围，提高救助标准，鼓励公办机构开展康复业务，支持社会力量举办康复机构，加强康复救助定点服务机构管理。

（十五）加强困境儿童分类保障。建立健全困境儿童信息台账，落实定期上门查访，加大对困难家庭的重病、残疾儿童基本生活保障和专项救助力度。落实孤儿、留守儿童、困境儿童基本医疗保障政策，实施分类救助。加强流浪未成年人救助保护。

五、推进成长空间友好，提升城市空间品质和服务效能

（十六）推进城市公共空间适儿化改造。加强城市街区、社区、道路以及学校、医院、公园、公共图书馆、体育场所、绿地、公共交通等各类服务设施和场地适儿化改造。建设适合儿童的服务设施

和标识标牌系统，推动公共场所建设母婴室、儿童厕位及洗手池、儿童休息活动区等。加强儿童友好街区建设。

（十七）改善儿童安全出行体验。完善慢行交通体系，加强人行道、自行车道规划建设，优化校园周边步行线路规划和人行设施，保障儿童出行安全。加快完善城市公共交通场站、过街无障碍设施。加强交通安全教育，增强儿童安全出行能力。

（十八）拓展儿童人文参与空间。拓展儿童阅读空间，在公共图书馆设置儿童阅览区，鼓励设置少儿图书馆，提供适宜残疾儿童的阅读资源，开展儿童友好图书馆建设。扩充儿童美育资源，鼓励学校与美术馆、博物馆、音乐厅等共建校外教育基地。增加儿童校外活动空间，加强儿童劳动教育、课外实践、科技体验、素质拓展等校外活动场所设施建设。

（十九）开展儿童友好社区建设。建设社区儿童之家等公共空间，为儿童提供文体活动和阅读娱乐场所。增加社区儿童“微空间”，鼓励社区打造儿童“游戏角落”，提供适龄儿童步行路径和探索空间，合理增设室内外安全游戏活动设施。

（二十）开展儿童友好自然生态建设。建设健康生态环境，推动开展城市儿童活动空间生态环境风险识别与评估评价。推动建设具备科普、体验等多功能的自然教育基地。开展儿童友好公园建设，推进城市和郊野公园设置游戏区域和游憩设施，合理改造利用绿地，增加儿童户外活动空间。

（二十一）提升灾害事故防范应对能力。推动落实儿童密集场所安全主体责任和行业监管责任，有效防范应对各类灾害事故风险。强化防灾减灾安全教育，增强儿童防灾减灾意识和自救互救能力。储备面向儿童需求的重要应急物资。

六、推进发展环境友好，优化儿童健康成长社会环境

（二十二）推进家庭家教家风建设。深入实施家家幸福安康工程，建设文明家庭、实施科学家教、传承优良家风。构建学校家庭社会协同育人体系，加强家庭教育指导服务，增强家庭监护责任意识和能力，建立良好亲子关系，培养儿童良好思想品行和生活习惯。

（二十三）培养健康向上的精神文化。鼓励创作符合儿童特点的优秀文化产品，加强社会主义核心价值观教育。组织开展优秀传统文化进校园、进课堂活动，深入开展共青团、少先队实践活动。普及发展青少年健身运动，让更多儿童经常性参与体育锻炼。

（二十四）持续净化网络环境。加强网络环境保护，聚焦网络直播、网络游戏等儿童上网重点环节和应用，及时发现处置危害儿童身心健康的不良信息，严厉查处违法违规行为。加大儿童用户量集中的网络平台日常监管，规范涉儿童相关网站管理，压实互联网企业维护网络环境责任。

（二十五）筑牢安全发展屏障。开展中小学生安全教育日活动，深化少年警校建设，推进“护校安园”专项行动，加强校园、校舍和校车安全管理。落实食品安全校（园）长负责制，保障在校学生安全营养用餐。强化儿童用品安全监管，加强监督检查，及时向社会公示。

（二十六）防止儿童意外和人身伤害。健全儿童交通、溺水、跌落、烧烫伤、中毒等重点易发意外事故预防和处置机制。做好学生欺凌防治工作，有效防范性侵、家暴事件，严格落实侵害未成年人案件强制报告制度，保障儿童合法权益。及时受理、依法查处儿

童失踪案事件，严厉打击拐卖儿童等犯罪行为。

（二十七）积极预防未成年人犯罪。推进实施未成年人违法犯罪分级干预机制，及时发现、制止未成年人不良行为和严重不良行为。对涉罪未成年人坚持依法惩戒与精准帮教相结合，增强教育矫治效果，预防重新犯罪。

七、组织实施

（二十八）加强组织领导。国家发展改革委、国务院妇儿工委办公室、住房城乡建设部等统筹协调儿童友好城市建设工作。建立健全儿童友好城市建设、认定、评估、监测等机制，研究儿童友好城市认定办法。行业主管部门按职能开展相关领域儿童友好行动，制定标准体系或建设指南。省级政府有关部门制定本地区儿童友好城市建设实施方案。城市政府履行建设主体责任，整体制定落实建设方案。

（二十九）完善政策支持。中央财政统筹利用现有资金渠道，发挥中央预算内投资的引导和撬动作用，对儿童友好城市建设予以积极支持。对价格普惠且具有一定收益的儿童服务设施项目，符合条件的可纳入地方政府专项债券支持范围。地方要统筹中央相关转移支付资金和自有财力，强化政策支持。强化公益普惠类儿童服务项目规划用地保障。鼓励地方政府以购买服务、租金减免等方式发展普惠性儿童服务。

（三十）分批推进建设。制定实施国家儿童友好城市建设行动方案，支持有建设意愿、基础较好的城市先行探索，分批分期滚动推进实施。对于不具备整体建设条件的城市，鼓励从儿童友好社区建设起步，以点带面夯实基础。对建设成效突出的城市命名为国家儿童友好城市。支持有条件的城市发起“一带一路”儿童友好城市联盟。

（三十一）加强监测评估。组织制定儿童友好城市建设评估指标体系，适时调整完善政策措施。开展儿童友好建设的城市及时收集、整理、分析儿童数据信息，对本地方儿童发展整体情况实施动态监测，探索制定符合地方特点的儿童友好城市建设标准和分领域建设指南，开展建设情况评估。

（三十二）强化宣传交流。开展儿童友好城市公益宣传，提高公众知晓度和参与度，把儿童友好的理念向全社会推广。总结国内城市建设经验，推广具有重大示范效应的建设模式。借鉴国际有益做法，加强对外交流合作，全面提升中国儿童友好城市国际影响力。

国家发展改革委
国务院妇儿工委办公室
住房城乡建设部
中央宣传部
中央网信办
教育部
公安部
民政部
财政部
自然资源部
生态环境部
交通运输部

文化和旅游部

国家卫生健康委

应急部

市场监管总局

广电总局

体育总局

国家医保局

国家林草局

共青团中央

全国妇联

中国残联

2021 年 9 月 30 日

儿童友好城市形象标识集锦

北京市

设计理念：设计起源于一次亲子剪纸游戏，3 岁女童用剪纸拼出“京”字。标识设计中营造的“大人的臂弯”和“保护伞”象征着城市对每一位儿童的呵护与包容，也意味着北京是一座大人与儿童共同建设的城市。五个颜色分别对应着儿童友好城市建设的五个维度，即社会政策友好、公共服务友好、权利保障友好、成长空间友好和发展环境友好。彩虹的配色也象征着给予每一位儿童多彩多元的童年。

保定市

设计理念：标识由两个笑脸、京畿之门、“儿童友好城市”中英文拼写及保定城市名称拼音拼写组成。代表儿童的两个笑脸在最上方，寓意“以儿童为先”“以儿童为本”。“京畿之门”位于笑脸下方，寓意对儿童的托举和守护，并隐含表达“保定”城市名称中代表性“保”字所具有的“背子于背”的独特内涵。整体背景无限界空白，彰显城市未来建设和发展无限可能的想象力、空间感和创造性。

无锡市

中国 | 无锡
儿童友好城市
Child Friendly City

设计理念： 标识以“关爱无限，童享锡望”为主题。标识以五位无锡儿童欢乐环抱，活泼动感地在一起游戏作为主体，主体造型呈现出无锡拼音首字母W和X的造型，并呼应“关爱无限，童享锡望”的主题。

苏州市

苏州儿童友好城市

SUZHOU CHILD-FRIENDLY CITY

设计理念：标识以苏州儿童友好和谐、手牵手、活泼动感、快乐向上的形象作为主体，反白部分巧妙勾画出苏州拱桥的基本造型，将儿童和桥融为一体，相得益彰，构成友好之桥、和谐之桥，体现了苏州儿童友好城市地域文化特色。

昆山市

儿童友好

点亮昆山未来

设计理念：举起双手向未来，一米视角更友好。

杭州市

杭州儿童友好城市

Hangzhou Child Friendly City

设计理念：提取了杭州的“杭”作为LOGO的主体，展示出杭州的地域特征，并赋予“它”独特的城市品牌性。整体图形突出儿童元素，呈现出欢乐、阳光、多彩的面貌，并具有很强的识别性和视觉感染力，便于不同层次人群理解和传播。

宁波市

宁波儿童友好城市

NINGBO CHILD FRIENDLY CITY

设计理念：以“拥抱”和“儿童创造”为创作基础。标识主体由雪花插片元素的宁波拼音首字母N和B组成，根据需要可搭配宁波各城区首字母进行组合创作，多彩活泼的颜色呼应着宁波的生活与孩子的天性。

温州市

温州
儿童友好城市
Wen Zhou
Child Friendly City

设计理念：作为海上丝绸之路重要节点的温州，海洋文化、移民文化在此交汇交融。标识中融入了海浪图案以及粉色爱心，体现温州是一座有爱的、有温度的城市。温州市花——茶花就像可爱的酒窝，再配上大大的微笑、绿色的明眸，这些丰富的元素组成了一张国际范儿的小脸蛋，仿佛在对世界说：温州儿童友好城市欢迎你！标识整体大气开放，色彩丰富多元，字体设计成具有个性的儿童般书写体，充满了趣味与活力。

嘉兴市

嘉兴 Jia Xing
Child Friendly City
儿童友好城市

设计理念：标识由红船和载着的初心、粽子与石榴花组成，各元素都体现了嘉兴的城市特色，又组成了一张友善的笑脸。心与花作为眼睛，粽子是鼻子，红船是微笑的嘴，充满亲和力。红船承载着上面的三个图案，儿童是未来的花朵，红船将载着他们起航。

义乌市

义乌市儿童友好城市

——Yiwu Child Friendly City——

设计理念：以儿童涂鸦的形式呈现，外形以拨浪鼓为原型演变而来，“拨浪鼓”不仅承载着义乌悠久的商贸历史，也是家喻户晓的儿童玩具，更是“乌商”文化积淀与传承的鲜明符号。从细节看，以涂鸦形式创作的五个孩子代表五大洲的儿童围坐一起，突出儿童友好主题及义乌人口多元化的特点。从色彩看，利用糖果的丰富色系，体现出儿童友好的多元化及孩子自身丰富的想象力。

舟山市

中国·舟山

儿童友好型城市

ZHOUSHAN CHILD FRIENDLY CITY

设计理念：标识以舒展的纽带、欢快的儿童笑脸、灿烂的星星等为元素，整体组合成艺术化的“舟”字，体现舟山地域特色和深厚的文化内涵，描绘了舟山儿童天真烂漫、自信活泼的形象。标识色彩和谐丰富，趣味性十足。

济南市

济南儿童友好城市
JINAN CHILD-FRIENDLY CITY
泉 美 好　童 美 好
QUANMEIHAO　TONGMEIHAO

设计理念：标识将泉水、儿童、花朵作为形象符号融于其中，具有成长赋能、快乐生活、开放包容的多重意向。形象元素间联系紧密、相互促进，最终构成圆的形态，反映了泉城济南城市建设与儿童友好的双向奔赴。“泉美好”指泉城美好，谐音全部美好。“童美好”指儿童美好，谐音共同美好。

青岛市

青岛儿童友好城市

CHILD FRIENDLY CITY

设计理念：用儿童举手、拥抱、花朵等代表“友好”。花朵代表儿童，五朵花瓣代表儿童友好城市建设五个维度，即社会政策友好、公共服务友好、权利保障友好、成长空间友好和发展环境友好，颜色温馨象征儿童向阳生长。

淄博市

中国·淄博
儿童友好城市
CHILD FRIENDLY CITY

设计理念：战国“齐”字为造型本体，突出淄博地域属性。双手头顶比心的造型，突出儿童纯真幸福的特征，体现标识行业属性。突出的“i”，谐音“爱”，表明城市对儿童的友好与关爱态度，诠释象征体现了“淄博儿童友好城市”的主题特征，体现城市信息文明和生态时尚。整体视觉外观为绽放的花朵，寓意儿童是城市和国家的未来。

东营市

儿童友好　生态东营

儿童友好城市

CHILD FRIENDLY CITY

设计理念：以东营首字母D、Y为艺术表现形式，以黄蓝为主色，叠加出一位奔跑的儿童形象，同时体现东营黄河入海奇观，呈现出欢乐、阳光、多彩的童年。标识的颜色分别代表东营市儿童友好城市建设的六个维度，社会政策友好、公共服务友好、权利保障友好、成长空间友好、发展环境友好和生态文明友好，其中绿色代表生态文明友好。彩虹的配色象征着给予每一位儿童多彩多元的童年。

威海市

Wei Hai
CHILD FRIENDLY CITY
威海儿童友好城市

设计理念： 整体以威海的首字母W为主体构型元素，蓝色、黄色和橙色均与威海城市LOGO相吻合。W用两种颜色拆分为两个向上的V形，搭配辅助圆形，代表两个手拉手高举双臂的快乐儿童，也代表友好和快乐。主体用色明快鲜活，黄色代表友好、阳光和快乐，蓝色代表大海和理性、文明、包容，橙色是暖色系中最温暖的色，代表富足、快乐、幸福。用不同饱和度的层次塑造平面立体化的艺术效果。标识下方弧线，代表舞动的纽带，也代表全球和世界的视野。

菏泽市

中国.菏泽
儿童友好型城市
Child Friendly City

设计理念： 标识整体是牡丹呵护着三个快乐雀跃的儿童形象，既体现了菏泽“牡丹之城”的地域属性，又凸显了儿童友好城市的主题。蓝色代表安全、包容，绿色代表健康、成长，橙色代表关爱、未来，标识整体充分表达出菏泽以建设儿童友好城市为目标，为儿童提供健康快乐的成长环境，更好地保护儿童权利。

长沙市

中国 | 长沙

儿童友好型城市

Child Friendly City

设计理念：5 张儿童笑脸组成的一颗闪亮的星星图案，寓意美丽的星城长沙将以创建儿童友好城市为目标，为儿童提供健康快乐的成长环境。

深圳市

Shenzhen. China

child friendly city

儿童友好型城市

设计理念：采用笑脸为整体的画面展现，以轻快柔和的暖红色为唯一色彩，赋予 LOGO 童趣和友好。LOGO 由深圳市花“簕杜鹃”和代表发现深圳的窗口图案，通过弧线予以联结，寓意发现美好的深圳，体现出儿童友好城市是美好深圳的另一个代名词，向世界传递儿童友好的声音。

珠海市

珠海·儿童友好

ZHUHAI CHILD-FRIENDLY

设计理念： 标识取形于儿童笑脸，融入白海豚、海浪的视觉形象，突出珠海的海洋地域文化，白海豚海中嬉戏，激起水花，憨态可掬的样子寓意儿童在珠海城市里快乐成长。

佛山市

CHILD FRIENDLY CITY

儿童友好城市

中国 | 佛山

设计理念： 自古狮舞出岭南，佛山醒狮天下传。佛山狮头是闻名中外的民间手工艺术品。标识提取了狮头的造型和色彩特征，并结合了儿童富有感染力的表情。通过微笑的表情和炽烈的配色点燃人们对生活、对未来的斗志和希望，传递佛山少年积极向上、友好进取的精神。

传播儿童友好城市的中国故事、中国声音

——“中国儿童友好城市”微信公众号简介

2022年11月10日，微信公众号“中国儿童友好城市”正式上线。该公众号由中国儿童中心主办，致力于倡导和传播儿童友好理念，宣传解读政策，搭建展示交流平台。

公众号主要包括四个栏目：一是政策聚焦栏目，发布儿童及儿童友好相关领域法律、政策、规划及其解读等；二是视点瞭望栏目，发布儿童及儿童友好相关领域的专家观点、文章等；三是应用研究栏目，发布儿童及儿童友好相关领域的应用研究动态、科普宣传等；四是城市实践栏目，发布各地儿童友好城市建设重要活动、特色案例等。

公众号将做好儿童友好城市建设的政策、理念与实践的宣传工作，创新宣传方式，讲好中国儿童友好城市故事，全方位展现中国儿童友好城市建设的良好风貌，助力儿童友好成为全社会的共同理念、行动、责任和事业。

“中国儿童友好城市”微信公众号二维码

后　　记

《中国儿童友好城市发展报告（2023）》编写工作在国家发展改革委党组成员、副主任李春临同志指导下，由国家发展改革委社会发展司、国务院妇儿工委办公室具体承担。

本书专门成立编委会，国家发展改革委社会发展司司长刘明同志，国务院妇儿工委办公室常务副主任宋文珍同志统筹负责全书撰写工作，国家发展改革委社会发展司副司长、一级巡视员彭福伟同志牵头负责提纲设计、内容安排和全书统稿工作。顾严、刘凡熙（第一章），白玮、倪碧野、王润洁、谢琼（第二章），魏义方、赵玉峰、胡文哲（第三章），王晓峰、董猛孟、魏韦（第四章），张菁、刘昆轶、付冬楠、辛泊宇（第五章），宗丽娜、方博宇（第六章），谢琼、魏博（第七章），李海梅（第八章），蒋永萍（第九章），朱晓宇、王润洁、南方（第十章），张胜（发展展望篇）等同志负责书稿具体撰写工作。相关城市发展改革部门和妇儿工委办公室等提供了丰富的案例素材，魏国学、范宪伟、蔡潇彬、王伶鑫等同志负责案例编选工作。徐辉、曾国强、赫文婧等同志参与内容审核和书稿讨论。在本书的编写过程中，国家发展改革委社会发展研究所所长刘旭同志作具体指导，盛思鑫、张本波等同志参与审稿，魏义方、范宪伟、胡文哲等同志在修改编撰等方面做了很多努力，中国计划出版社朱冰等同志为本书顺利出版做了大量工作，联合国儿童基金会驻华办事处给予了支持。在此一并表示感谢。

受各方面条件和编者水平等因素限制，书中难免存在不足和疏漏之处，敬请读者批评指正。

本书编委会

2023 年 2 月